Milena Moser

DAS SCHLAMPENBUCH

Erzählungen

D1934769

rororo

Rowohlt

KATJA,
DIESES BUCH IST FÜR DICH

59.–64. Tausend Oktober 1995

Veröffentlicht im Rowohlt Taschenbuch Verlag GmbH,
Reinbek bei Hamburg, September 1993
Copyright © 1993 by Rowohlt Taschenbuch Verlag GmbH,
Reinbek bei Hamburg
Copyright © 1992 by Krösus Verlag, Zürich
Umschlaggestaltung Nina Rothfos unter Verwendung
einer Illustration von Ute Helmbold
Gesetzt aus der Garamond (Monotype Lasercomp),
LibroSatz, Kriftel
Druck und Bindung Clausen & Bosse, Leck
Printed in Germany
990-ISBN 3 499 13358 x

Inhalt

Die Entführung

Es war an der Kreuzung direkt vor dem Bellevue-Platz, nachmittags gegen halb zwei. Die Sonne hatte mich einen Augenblick lang geblendet. Ich sah ihn im allerletzten Moment. Mit langen Schritten lief er über die Straße. Keine zwei Meter von mir entfernt. Der Wind fuhr durch sein Haar. Sein Schritt war leicht. Grüne Hosen flatterten um seine dünnen Beine. Sein Gesicht konnte ich nicht sehen. Es ging alles viel zu schnell. Heftig betätigte ich die Klingel. Er drehte sich nicht einmal um. Mein Herz blieb stehen, klopfte dann unregelmäßig weiter. Viel zu laut. Vorsichtiger als sonst fuhr ich die Acht zur Haltestelle und brachte sie sanft zum Stehen.

Ich blickte in den Rückspiegel. Ich wartete. Das Lichtsignal blinkte. Ich beachtete es nicht. Erst kürzlich war wieder einer dieser Leserbriefe im Tagblatt erschienen, ein W. E. aus Z. (woher denn sonst) empörte sich, das Tram sei ihm vor der Nase abgefahren. Und das nicht zum ersten Mal! Man könnte meinen, die Fahrer machten das absichtlich, aus sadistischem Vergnügen. Nun, lieber W. E., das stimmt natürlich nicht, und wären Sie heute hier, würden Sie Ihre Anschuldigungen zurücknehmen müssen.

Ich wartete ungebührlich lange an der Haltestelle. Bis hinter mir die Neun ihr lila Auge zeigte. Widerwillig setzte ich den Tramzug in Bewegung und fuhr los. Ganz langsam nur. Ganz sanft. Und da war er auch schon wieder.

Außer Atem, zerzaust, bewegte er sich durch den Mittelgang auf mich zu. Ich blickte in den Rückspiegel und in seine Augen. Sie lagen dunkel hinter einer lächerlich kleinen Brille. Warm. Er war nicht mehr ganz jung, sehr dünn. Unter dem Arm trug er mehrere lange Papprollen. Ungeschickt balancierte er auf einen freien Sitzplatz zu. Er setzte sich umständlich auf einen der letzten Plätze vor der Fahrerkabine und war dann aus meinem Rückspiegel verschwunden. Ich richtete meinen Blick geradeaus und stellte entsetzt fest, daß ich beinahe am Bürkliplatz vorbeigefahren wäre. Ich bremste hart. Die Fahrgäste wurden geschüttelt und gegeneinander geworfen und ließen ihr übliches Maulen hören. Was bilden die sich eigentlich ein. Glauben sie, ich höre sie nicht? Ich räusperte mich und entschuldigte mich höflich durchs Mikrophon. Das Maulen wurde nicht etwa leiser. Sehr viele Leute können sich nicht daran gewöhnen, daß eine Frau ein Tram fahren kann. Dabei gibt es nichts Einfacheres. Nach kurzer Zeit schon fährt man wie im Schlaf, gewissenhaft wie ein Automat, aber in Gedanken weit weg.

Ich warf einen Blick aus dem Fenster. Nein, ausgestiegen war er nicht. Außerdem würde er die Türe direkt hinter mir benutzen, ich würde ihn sehen. Er käme nicht so einfach an mir vorbei . . . Ich holte tief Luft und konzentrierte mich wie am ersten Tag auf die Strecke, die vor mir lag.

Bis zur nächsten Haltestelle zwang ich mich, geradeaus zu blicken und mich auf den Schienenstrang zu konzentrieren. Doch dann, als ich das Tram gerade wieder zum Stehen gebracht hatte, klopfte es an die Scheibe, ich drehte mich um, und er war es. Unsicher blickte er mich an. Rückte seine Brille zurecht.

Entschuldigen Sie, wenn ich nach Lochergut muß, bin ich da richtig?

Seine Stimme klang leise und höflich. Er sprach mit starkem Akzent. Ein Fremder. Einer, der wieder abreisen würde. Einer, der morgen nicht mehr hier wäre. Lochergut, da war er falsch. Ganz falsch. Ich hätte es ihm sagen können, und er wäre ausgestiegen und hätte die Nummer zwei abgewartet und mich im selben Augenblick vergessen. Ich fragte mich, wer wohl im Moment auf der Zwei war. Meine Kollegin Annemarie mit den langen dunklen Haaren? Eine Welle der Eifersucht schlug über mir zusammen. Ich fühlte, wie ich rot wurde. Dann fiel mir ein, daß Annemarie in den Ferien war. Ich fuhr weiter, drehte mich dabei halb zu ihm um und lächelte. Zu allem entschlossen, zeigte ich ihm meine kleinen Zähne. Lochergut ist richtig, ich sage Ihnen Bescheid.

Danke, vielen Dank.

Er setzte sich wieder. Diesmal auf den allerletzten Platz, direkt hinter mir. Durch die Scheibe fühlte ich seine Anwesenheit in meinem Rücken. Gemächlich fuhr ich auf den Paradeplatz zu. Meine Hände waren kühl, aber mein Herz raste, meine Wangen brannten, Schweißtropfen bildeten sich auf meiner Stirn. Was tust du, flüsterte ich, was tust du da? Bist du verrückt?

Endlich holte ich tief Luft. Ein Grinsen flog über mein Gesicht. Dabei hatte ich noch Glück gehabt, daß sich keiner von diesen pensionierten Freizeitfahrern eingemischt hatte, die immer alles besser wissen.

Aber Fräulein, das stimmt doch nicht, fürs Lochergut muß der Herr doch . . . und so weiter.

Gut, ich war verrückt.

Seit zwei Jahren saß ich in dieser Kabine. Die Einsamkeit der Tramfahrerin kennt keine Grenzen. Man verbringt ganze Schichten, ohne ein Wort mit jemandem zu wechseln, und an jeder Haltestelle wundert man sich, daß die eigene Stimme noch funktioniert. Man kauft sich an jeder Endstation einen Schokoladestengel, nur um ein bißchen mit den Kioskverkäufern zu plaudern, und wird in kürzester Zeit dick und fett. Man läßt sich von den Fahrgästen anschnauzen, weil man zu schnell fährt oder zu langsam. Hausfrauen sammeln die herumliegenden Tageszeitungen auf und bringen sie sauber gebündelt in die Fahrerkabine, dabei beschweren sie sich, daß ich den Wagen nicht in Ordnung halte, als handle es sich um mein Wohnzimmer. Jugendliche fangen an zu kreischen, wenn sie eine Ansage nicht verstanden haben oder einen obszönen Hintersinn darin entdecken, der nur ihnen verständlich ist. Hin und wieder sagt eine alte Oma «Danke vielmals», während sie sich zur vorderen Türe hereinschleppt, und man könnte ihr dafür die Hände küssen. Man arbeitet sehr früh morgens oder sehr spät abends, und irgendwann kommt der Tag, an dem man mit einem Kollegen die Schicht tauscht und drei Stunden früher als vorgesehen nach Hause kommt. Dieser Tag kommt für alle einmal. Bei mir war es Frau Hess, die Lehrerin meiner Tochter Marianne. Frau Hess lag auf meinem halbweißen Wohnzimmerteppich, nackt um meinen Mann geschlungen. Ich stand in der Tür, müde, verschwitzt, in dieser furchtbaren Uniform, die auch schon zu eng wurde, ich stand da und bekam den Schluckauf. Ich konnte nichts sagen. Es war lächerlich. Ich wunderte mich auch nicht sehr, als ich bei der Scheidung leer ausging und Marianne bei ihrem Vater bleiben wollte. Und Frau Hess natürlich, die zu diesem Zeitpunkt schon schwanger war. Die Wohnung immerhin konnte ich behalten. Ich ließ als erstes den Teppich auswechseln.

Sanft fuhr ich wieder an und warf dabei aus den Augenwinkeln einen Blick auf meinen Gast. Er saß ein bißchen gekrümmt, die Arme um seine Papprollen gekrampft. Er sah aus dem Fenster. Seine Blicke schweiften suchend über die Fassaden.

Paradeplatz, sagte ich leise ins Mikrophon. Es war eine Liebeserklärung. Und er blickte auf und legte den Kopf leicht schief. Er hatte es verstanden.

Der Augenblick verging, weil er vergehen mußte. Ich überlegte fieberhaft. Ewig konnte ich hier nicht stehenbleiben. Ich kaute unentschlossen auf meiner Unterlippe. Dann mußte ich unwillkürlich kichern. Ich könnte ihn entführen.

Schmeiß die anderen Idioten raus. Fahr mit ihm durch die Stadt. Das ganze Schienennetz entlang. Die Türen natürlich verriegelt. In den Kurven ein bißchen zu schnell, damit er schon nach Atem ringt, wenn ich dann endlich anhalte, an einem dieser ruhigen, schattigen Plätze, an denen man ganz sicher ungestört ist . . . Aber solche Plätze gibt es nicht im Zürcher Tramnetz. Natürlich nicht.

Ich schüttelte leise den Kopf und fuhr ganz langsam an. Wenn ich schon dabei war, konnte ich ihn auch gleich zum Lochergut bringen. Ich spähte nach einer Weiche, bereit, rechts abzubiegen, statt, wie es dem Kurs entsprach, geradeaus weiterzufahren. In meinem Kopf war ein helles Licht. Ich fühlte mich glasklar und kalt. Einen Augenblick lang hielt ich mich für einen Engel. Viel zu schnell schoß ich auf die Kreuzung zu. Die Metallräder quietschten vorwurfsvoll.

Hinter mir hörte ich einstimmiges Seufzen. Kollektives Luftanhalten. Plötzlich ging alles ganz langsam. Mitten auf der Kreuzung hob sich der schwere Wagen ächzend aus den Schienen und kippte zur Seite. Immer noch ganz langsam. Aus dem Fenster sah ich die aufgerissenen Mäuler der Passanten. Der Wagen kippte, es krachte, Metall kreischte, Funken sprühten. Dann war alles schwarz.

Ich hörte die Sirenen der Krankenwagen. Ich hörte kleine spitze Schreie hinter mir. Ich hörte ein Stöhnen, das mein eigenes war. Ich lag hinter meinem Sitz eingeklemmt und konnte mich nicht bewegen. Ich hatte keine Schmerzen. Keine Gedanken.

Psst! Psst!

Eine Hand legte sich auf meine Schulter. Atem streifte mein Ohr. Ein Gesicht schwebte langsam in mein Blickfeld, hoch über mir. Dunkle Augen, die besorgt blickten. Die dünne Brille baumelte verdreht von seinem Ohr. Er!

Sind Sie ganz? Alles in Ordnung? flüsterte er. Ich schloß die Augen, öffnete sie wieder, seine Hand lag warm auf meiner Schulter.

Er lächelte leicht. Ich konnte den Blick nicht mehr von ihm abwenden.

Mein Name ist Henri, sagte er, und ich möchte Sie gerne kennenlernen.

Monatsbeschwerden

Das Wartezimmer der Frauenärztin war hoffnungslos überfüllt. Seit vierzig Minuten saß Ruth auf dem harten weißen Plastikstuhl. Und wartete. Kein Wort wurde gesprochen, nur das Rascheln der glatten Illustriertenseiten war zu hören und hin und wieder ein unterdrückter Seufzer. Ruth rutschte unbehaglich auf dem Stuhl nach vorn. Die anderen Frauen schienen alle mehr oder weniger schwanger zu sein. Verstohlen musterte sie die unterschiedlich gewölbten Bäuche. Sie schloß die Augen.

Bitte nicht, dachte sie, bitte nicht.

Die Türe wurde vorsichtig geöffnet, die Sprechstundenhilfe streckte ihr hübsches, sauberes Gesicht herein. Die Köpfe der wartenden Frauen hoben sich erwartungsvoll. Ruth versuchte, aus dem Lächeln der Sprechstundenhilfe zu lesen, wie ihre Tests ausgefallen waren.

Frau Huber, bitte.

Eine der schwangeren Frauen erhob sich schwerfällig und folgte der Sprechstundenhilfe, in diesem typisch watschelnden Gang, das Becken vorgeschoben, mit einer Hand das Kreuz stützend.

Bitte nicht, dachte Ruth noch einmal.

Unkonzentriert blätterte sie in ihrer Illustrierten. Es schien ihr schon seit Tagen, als handelten alle Artikel, die sie las, nur noch von Kindern. Kleinen Kindern. Babies. Schwangeren. Sie blätterte noch eine Seite um, und ihr Blick fiel auf eine Anzeige für einen neuen Schwangerschaftstest. *Ich* habe es gleich gewußt, lächelte die junge Frau auf dem Bild und drückte ihr Baby an sich.

Ruth preßte eine Hand auf die Lippen, um das saure Aufstoßen zu unterdrücken, das sie seit Tagen schon quälte. Sie legte die Illustrierte zurück auf den kleinen Tisch und nahm sich eine Tageszeitung. Umständlich faltete sie die großformatigen Blätter auseinander und wieder neu zusammen.

Neues Opfer in unheimlicher Mordserie, las sie auf der letzten Seite.

Vorgestern abend, Mittwoch, den 14., wurde die Leiche einer 54jährigen Schalterbeamtin der PTT im Hinterhof der Postfiliale aufgefunden. Die Frau wurde offenbar beim Verlassen des Gebäudes überfallen und von hinten niedergestochen. Als Dienstälteste hatte sie die Angewohnheit, das Gebäude als letzte zu verlassen, so daß ihre Leiche erst gegen 20 Uhr 30 vom Putzpersonal gefunden wurde. Erste Ermittlungen schließen einen Raubmord aus. Die Angestellten der Filiale sind bereits überprüft worden und scheiden als Täter aus. Die Ermordete war bei ihren Kolleginnen und Kollegen offenbar sehr beliebt. Auch aus dem direkten Umfeld des Opfers ergeben sich bisher keine Tatmotive. Es scheint vielmehr, als handle es sich hier um ein neues Opfer in einer nun schon seit Tagen andauernden Serie von völlig sinnlos scheinenden Morden . . .

Furchtbar, nicht wahr, murmelte die Frau, die neben ihr saß, und deutete mit dem Finger auf die aufgeschlagene Seite.

Ruth nickte.

Mein Mann ist nämlich auch bei der Post, fuhr die andere fort und zog schaudernd die Schultern hoch.

Ruth versuchte, aufmunternd zu lächeln, obwohl sie

eine Art dumpfer Übelkeit gegen die Stuhllehne zurückwarf. Die Frau neben ihr verströmte einen leichten, süßlichen Schweißgeruch, kaum überdeckt von billigem Parfüm. Ruth schluckte. Diese Empfindlichkeit schon seit Tagen.

Lieber Gott, betete sie, bitte mach, daß ich nicht schwanger bin, und ich werde es nie wieder tun. Nie, nie wieder.

Tatsächlich ließ die Übelkeit ein bißchen nach, und Ruth brachte das Lächeln zustande. Es gelang ihr sogar, eine Hand auf den Arm der Nachbarin zu legen.

Ich glaube nicht, daß Ihr Mann in Gefahr ist, sagte sie freundlich. Es trifft ja schließlich nicht nur Postbeamte. Hören Sie doch – sie hob die Zeitung und las den nächsten Abschnitt halblaut vor:

Die Opfer scheinen in keinerlei Beziehung zueinander zu stehen. Fest steht nur, daß alle mit demselben Messer erstochen wurden. Es handelt sich dabei um ein besonders scharfes Küchenmesser, wie es zum Filetieren verwendet wird.

Erinnern wir uns, daß in der Nacht von Montag, dem 11., auf Dienstag, den 12., ein Kellner einer sogenannten Singles-Bar auf dem Nachhauseweg erstochen wurde. Der Mann trug die gesamten Einnahmen des Abends auf sich. Ein Raubmord kann also ausgeschlossen werden. Am Dienstag sank eine 23jährige Kosmetikerin in der Schlange vor der Kasse eines Supermarktes zusammen. Da man erst eine Ohnmacht vermutete, hatte der Täter oder die Täterin schon fliehen können, bis man die Stichwunde entdeckte. Auch diese junge Frau war von hinten erstochen worden, der Täter oder die Täterin muß also direkt hinter ihr in der Schlange gestanden haben. Als einzigen

Hinweis fand man einen liegengelassenen Einkaufskorb, dessen Inhalt aber wenig über die Person aussagt, außer, daß es sich um jemand Alleinstehenden handeln muß. Am Mittwoch, dem 14., fand man eine 83jährige Rentnerin erstochen im Tram. Die alte Frau mußte gemäß gerichtsmedizinischer Untersuchung bereits am frühen Morgen ermordet worden sein. Die Leiche wurde jedoch erst beim Schichtwechsel gegen Mittag entdeckt. Der Tramfahrer sagte aus, er habe jeden Tag alte Leute im Wagen, die von Endstation zu Endstation mitfahren, und könne sich nicht um jeden einzelnen kümmern. Am Abend desselben Tages traf es dann diese Postbeamtin, die ...

Sehen Sie, sagte Ruth, nur eine einzige Postbeamtin.

Das macht es aber auch nicht besser, warf nun eine andere Frau mit scharfer Stimme ein.

Nein, natürlich nicht ... Ruth begann, leicht zu stottern, das wollte ich doch gar nicht sagen, ich meinte nur ...

Dann kam die Sprechstundenhilfe und rief einen Namen, und die Frau mit der scharfen Stimme stand auf. Auch sie ging leicht breitbeinig und nach hinten geneigt. Ruth sah ihr nach. Auf ihrer Stirn begannen sich Schweißperlen zu bilden. Ihre Haare klebten. Ich bin nicht mehr ich selbst, dachte sie.

Na, hoffentlich kriegen sie ihn bald, seufzte die Frau des Postbeamten abschließend.

Es könnte doch auch eine Frau sein, gab Ruth zu bedenken.

Die andere Frau kicherte, so daß ihr hoher Bauch schaukelte.

Ja, da haben Sie allerdings recht, wir Frauen halten ja viel mehr aus als die Männer. Wenn ich da an meine Geburten denke ... das ist mein viertes ... Und Sie? Ist es das erste Mal?

Ruth öffnete den Mund und schloß ihn wieder. Sah man es ihr also schon an? Ihre Zunge klebte irgendwo fest, sie konnte nichts sagen. Verlegen senkte sie den Blick wieder auf die Zeitung.

Vor ungefähr fünf Wochen gab es bereits eine ganz ähnliche Serie von bisher unaufgeklärten Morden: eine Kioskverkäuferin und ein Jogger sind an aufeinanderfolgenden Tagen niedergestochen worden. Der Sprecher der Polizei bestätigte nun, daß auch bei diesen unheimlichen und absurden Morden dasselbe Filetiermesser benutzt wurde ...

Ruth mußte erneut aufstoßen und preßte sich die Hand vor den Mund. Vor fünf Wochen hatte sie ihre letzte Periode gehabt, das wußte sie ganz bestimmt. In den letzten Tagen hatte sie stundenlang auf die kleinen Kreuze in ihrer Agenda gestarrt, als könnte sie sie durch bloßes Starren an den richtigen Ort schieben. Plötzlich fiel ihr ein, daß sie sich damals auch ganz komisch gefühlt hatte. Ohne daß sie hätte schwanger sein können. Aber jetzt ... Sie legte die Zeitung auf den Tisch und rutschte tiefer in ihren Stuhl. Nein. Sie durfte sich keine falschen Hoffnungen machen. Morgens war ihr übel, ihre Haut spannte, ihre Brüste hingen schwer und schmerzten, und dann dieses Aufstoßen. Es konnte gar nichts anderes sein. Sie war schwanger.

Das erklärte dann sicher auch ihre unheimlichen Stimmungsschwankungen und die unverhofften Tränengüsse, die Art, wie sich ihr Hals zuschnürte, wenn sie sich eine Zigarette anzündete und sie dem Erbrechen plötzlich genauso nahe war wie dem Weinen.

Fräulein Meier, rief die Sprechstundenhilfe.

Ruth zuckte zusammen. Sie stand auf, bückte sich ungeschickt nach ihrer Tasche, die sich mit dem Riemen am Stuhlbein verfangen hatte, und folgte der Sprechstundenhilfe.

Die Ärztin quetschte ihre Hand, wie sie das immer tat, und bat sie in den Behandlungsraum. Ruth zog sich hinter dem Vorhang aus. Sie hörte, wie die Ärztin sich die Hände wusch.

Ich glaube, ich bin schwanger, flüsterte Ruth durch den Vorhang.

Die Untersuchung war kurz und sachlich. Die Ärztin trug Gummihandschuhe. lhre Miene war undurchdringlich.

Bitte, ziehen Sie sich wieder an, sagte sie, und kommen Sie dann ins Sprechzimmer.

Ruth wagte nicht, nach dem Ergebnis zu fragen. Sie würde es ja sowieso gleich erfahren, und sie war gar nicht mehr sicher, ob sie es wirklich wissen wollte. Sie betrat das Sprechzimmer. Die Ärztin bat sie mit einer knappen Geste, Platz zu nehmen. Sie drehte einen Bleistift zwischen den Fingern und blickte mit gerunzelter Stirn auf die Karteikarte. Sie fragte noch einmal nach den Symptomen und nach dem Datum der letzten Blutung. Dann verlangte sie durch die Gegensprechanlage die Ergebnisse der Laboruntersuchung.

Ruth hielt den Atem an.

Es ist nichts, sagte die Ärztin und lächelte breit. Auf ihren Schneidezähnen klebte ein Rest von rosa Lippenstift.

Was soll das heißen, es ist nichts?

Sie sind nicht schwanger.

Das kann nicht sein. Ruth zog nervös an ihren Fingern,

bis sie knackten. Immerhin habe ich alle Symptome: die Brüste tun mir weh, morgens ist mir schlecht, und zwischendurch fange ich an zu heulen. Machen Sie den Test noch einmal.

Sie sind nicht schwanger, wiederholte die Ärztin, Sie leiden ganz einfach unter dem Prämenstruellen Syndrom. Das ist eine relativ neue Erscheinung, aber weit verbreitet. Gerade die starken Stimmungsschwankungen sind typisch dafür. Sicher reagieren Sie manchmal auch überempfindlich, übertrieben vielleicht?

Ruth nickte beschämt.

Sie erinnerte sich, wie sie in den letzten Tagen mit völlig Unbekannten in Streit geraten war, gestern zum Beispiel mit einer Schalterbeamtin, die sich geweigert hatte, ihren Brief abzustempeln, weil die Zäckchen der Briefmarke zum Teil abgerissen waren. Ruth wurde noch bei der Erinnerung rot. Auch diese Überempfindlichkeit auf Gerüche und Geräusche . . . deshalb dachte ich doch . . .

Ruth brach ab.

Sehen Sie, das geht vielen Frauen so, tröstete die Ärztin. Dann sagte sie noch einiges, was Ruth nicht mehr verstand, weil sie sich ganz auf den rosa Fleck auf den Zähnen der Ärztin konzentrierte. Würde sie merken, daß sie wie gebannt darauf starrte, würde sie ganz unwillkürlich mit der Zunge über den Fleck fahren? Nein.

Die Ärztin stellte ein Rezept aus und stand auf. Sie haben Lippenstift am Zahn, sagte Ruth beim Gehen. Die Ärztin drückte ihr zum Abschied noch einmal schmerzhaft die Hand zusammen.

Nehmen Sie es nicht schwer, sagte sie, Sie sind noch jung. Sie können jederzeit schwanger werden.

Genau das wollte Ruth eigentlich nicht. Aber das konnte sie der Ärztin nicht erklären. Im Gehen warf sie noch einen Blick über die Schulter. Die Ärztin stand vor dem Fenster und versuchte, ihr Spiegelbild in der offenen Scheibe zu sehen. Sie hatte die Lippen hochgezogen und rieb mit dem Zeigefinger über die obere Zahnreihe.

Auf Wiedersehen! rief Ruth und bildete sich ein, sie zusammenzucken zu sehen.

Ruth ging schnell die Treppe hinunter, dabei kreuzte sie die Arme vor den Brüsten, die bei jedem Schritt schmerzhaft mithüpften. Auf dem untersten Treppenabsatz blieb sie stehen.

Hatte sie wirklich alles richtig verstanden? Sollte das nun jeden Monat so gehen?

Ruth las noch einmal das Rezept, das die Ärztin ihr gegeben hatte. Eigentlich konnte man nicht viel dagegen machen, hatte sie gesagt, aber diese Kapseln konnten helfen. Offen gestanden war es so: Manchmal halfen sie, manchmal auch nicht.

Es hatte wieder leicht zu regnen begonnen. Verschwommen leuchtete auf der anderen Straßenseite das grüne Kreuz der Apotheke. Ruth rannte über die Straße und stieß die Türe auf. Die Ladenglocke bimmelte leise. Ruth schüttelte den Kopf, Regentropfen flogen aus ihren Haaren. Sie legte das Rezept auf den Ladentisch und wartete. Mit der anderen Hand umklammerte sie das Messer in ihrer Manteltasche.

Hoffentlich wirkten die Kapseln. So konnte es ja nun wirklich nicht weitergehen.

Der Haarschnitt

Sie saß bei Edith in der Küche, ein dünnes Handtuch um die Schultern gelegt, ihr Haar klebte naß im Nacken. Edith zog langsam mit dem Kamm Strähne für Strähne hoch und schnitt ein Stück ab.

Nicht zuviel, bitte, mahnte Greta.

Edith nickte konzentriert. Eigentlich war sie die Hausmeisterin, aber sie kümmerte sich auch um persönliche Dinge, wie die Beantwortung amtlicher Briefe, Beratung in Kleiderfragen vor wichtigen Verabredungen oder eben einen neuen Haarschnitt. Greta mußte am nächsten Tag wegen einer Stelle vorsprechen. Sie war etwas nervös, denn die letzten neun Male war sie abgelehnt worden. Sie war seit einem halben Jahr arbeitslos, und die Frau auf dem Amt behandelte sie, als mache sie es mit Absicht. Jedesmal, wenn es bei einem Vorstellungsgespräch nicht geklappt hatte, wollte sie am nächsten Morgen ganz genau wissen, was Greta gesagt habe, wie sie ausgesehen, was sie angehabt und wie sie auf die einzelnen Fragen reagiert habe. Sie ließ sich sogar vormachen, in welcher Haltung sie dagesessen hatte, Beine gekreuzt oder sittsam nebeneinander, verkehrt war es ohnehin. Sie hatte so eine Art, die Augenbrauen hochzuziehen, als wollte sie sagen, es sei einfach ganz und gar hoffnungslos. Jedenfalls wollte Greta morgen ordentlich aussehen, und einen richtigen Haarschnitt konnte sie sich im Moment nicht leisten. Sie hätte sich gern von Edith beraten lassen. Sie waren beinahe befreundet, soweit es der Altersunterschied von vierzig Jahren zuließ. Doch an diesem Abend war Edith ungewöhnlich still und angespannt.

Gerade zog sie mit dem Kamm eine neue Strähne hoch, als es an der Tür klingelte. Sie hielt in der Bewegung inne, legte den Kopf schräg und lauschte. Es war schon nach dem Abendessen, gegen neun, halb zehn. Etwas spät für Besuch. Zögernd schnitt sie in die Haarsträhne, ließ die Schere dann sinken.

Geh nur, sagte Greta, bevor du mir ein Ohr abschneidest.

Das hätte ein Scherz sein sollen. Doch Edith war zu gespannt, um zu lachen. Sie steckte die Strähne auf Gretas Kopf fest, die Haarnadel piekste in ihre Kopfhaut. Sie ging und öffnete die Tür. Leo! rief Edith.

Wie du siehst, antwortete eine rauhe, etwas schleppende Stimme. Greta verrenkte sich den Hals, konnte aber nichts sehen.

Leo! wiederholte Edith fassungslos, ja, haben sie dich . . .

Dann hörte sie einen Augenblick lang nichts mehr und dann Ediths Stimme, unmerklich verändert: Nicht jetzt!

Sie zog die Augenbrauen hoch. Edith, die unscheinbare ältliche Edith hatte also einen Liebhaber. Mit einer einnehmenden Stimme und einem romantisch, beinahe gefährlich klingenden Namen. Leo.

Als Edith zurückkam, schimmerten ihre Wangen rosig, und ihr Blick wich dem Gretas aus. Mechanisch löste sie die Haarklemmen.

Au! schrie Greta aus reinem Trotz.

Oh, entschuldige, habe ich dir weh getan?

Ja, allerdings!

Verwirrt fuhr Edith fort, Strähne für Strähne abzuschneiden, ohne überhaupt darauf zu achten, daß sie auch nur einigermaßen gleich lang wurden. Greta bemerkte es nicht. Sie verhakte ihre Finger ineinander und zog daran, bis die Gelenke knackten. Warum bin ich so allein, dachte sie, warum klingelt nie ein Leo an meiner Tür, oder überhaupt jemand?

Hör auf damit, sagte Edith, das kann ich nicht mitanhören. Greta entflocht ihre Finger.

Ist er das? fragte sie scheinbar gleichgültig.

Wer?

Na, der Sträfling, von dem du mir erzählt hast.

Sie sagte es absichtlich so brutal wie möglich.

Edith zuckte zusammen und blickte reflexartig auf ihre Schlafzimmertür. Schscht, mahnte sie freundlich, ja, das ist er. Er ist heute entlassen worden . . .

Greta nickte. Ihr Mund verzog sich unwillig. Ich wußte gar nicht, daß ihr so gut miteinander steht?

Edith errötete zart.

Ich eigentlich auch nicht, wisperte sie, aber in all den Monaten, in denen wir uns Briefe schreiben, sind wir uns natürlich schon ein wenig nähergekommen.

Ach! Na gut, ich kann auch später wiederkommen, wenn du Besuch hast, sagte Greta mit einem bitteren Unterton, den sie selber hören konnte. Aber nein, wir sind ja gleich fertig, und wenn du den Fön mit nach oben nimmst . . .

Das tat sie immer, seit ihr Edith einmal die Kopfhaut versengt hatte. Trotzdem fühlte sie sich an diesem Abend abgeschoben.

Sie biß die Zähne zusammen und nickte heftig mit dem Kopf. Das hätte sie nicht tun sollen. Edith schrie leise auf, ließ die Schere fallen und preßte den Daumen an die Lippen. Etwas Blut tropfte über ihr Kinn.

Die Tür sprang auf.

Liebling, ist etwas passiert?

Mit drei Sätzen war er bei ihr, Leo der Besucher. Er hatte in der kurzen Zeit bereits sein Hemd ausgezogen und stand in grauer Hose und Strümpfen vor ihnen. Er war jünger als Edith, viel jünger, groß und seltsam anziehend, mit seinem unrasierten Gesicht, dem schmutzigen, strähnigen Haar und den gelben Augen. Ein strenger Geruch ging von ihm aus, vor allem, wenn er sich bewegte.

Er nahm Ediths Hand. Edith errötete.

Nein, nein, es ist nichts.

Er untersuchte ihren Daumen, küßte ihn und leckte die Blutstropfen ab. Dazu sah er ihr tief in die Augen. Sie sah aus, als würde sie jeden Moment in Ohnmacht fallen. Greta stand auf. Sie hatte die Szene schon im Fernsehen gesehen.

Oh, entschuldige, rief Edith, das ist Leo, ein alter Bekannter von mir, Greta, meine Nachbarin.

Sie nickten sich zu, abwägend, mißtrauisch. Ein Moment verging in der Stille. Plötzlich veränderte sich seine Haltung. Er trat einen Schritt auf Greta zu, griff in ihre nassen Haare und rief: Um Himmels willen, was ist denn mit Ihnen passiert!

Warum?

Unsicher betastete sie ihren Kopf, dabei berührte ihre Hand die seine. Sie zog sie sofort zurück.

Da fehlt ja eine ganze Strähne. So geht das nicht, so können Sie nicht unter die Leute. Setzen Sie sich.

Sie gehorchte, während Edith an den Herd zurückwich.

Schweigend beobachtete sie die beiden. Ab und zu steckte sie ihren Daumen in den Mund.

Leo begann, Gretas Haar neu zu schneiden. Er tat es mit leichter Hand, gekonnt. Leise rieselten seine Worte über ihren Nacken. Sie schloß die Augen. Als er fertig war, hatte sie kurze Haare. Sie betrachtete sich im Spiegel. Sie sah wieder genauso aus wie an ihrem letzten Schultag. Jung. Zuversichtlich. lhr Blick begegnete seinem. Ihre Augen brannten große Löcher in den Spiegel. Sie drehte sich um. Er stand ganz dicht vor ihr.

Gut, sagte sie schroff. Was schulde ich Ihnen?

Edith schien wieder zu erwachen.

Aber Greta! Du weißt doch, daß du mir nichts schuldest!

Sie lächelte etwas gezwungen.

Also dann, vielen Dank.

Sie streckte eine Hand aus. Leo nahm sie, drückte sie, preßte sie zusammen. Sie konnte sich nicht rühren.

Edith ging zum Küchenschrank, nahm den Fön heraus und trat entschlossen zwischen sie.

Hier.

Sie schlug den Fön leicht vor Gretas Brust. Diese wich einen Schritt zurück, ließ Leos Hand los und nahm den Fön an sich.

Greta fönt ihre Haare immer oben, erklärte Edith ihrem Freund. Freundlich nickend, aber nicht mehr fähig, einen einzigen Ton zu sagen, verließ Greta die Wohnung.

Edith schloß mit spürbarer Erleichterung die Tür hinter ihr.

Greta setzte sich vor den Fernseher und trank heiße Milch mit Whisky. Sie versuchte, an nichts zu denken, vor allem nicht an das Vorstellungsgespräch am nächsten

Morgen. Als sie gerade den Sender wechseln wollte, hörte sie ein langgezogenes Heulen. Wie von einer Katze. Sie drehte den Ton lauter.

Als das Programm längst beendet war, saß sie immer noch da und starrte auf die flimmernden Punkte.

Sie bekam die Stelle und einen Vorschuß. Sie kaufte eine Flasche Champagner, einen Strauß gelber Rosen und eine Schachtel Konfekt. Sie machte große Schritte und schwang die beiden Einkaufstüten im Takt. Als sie ihr Spiegelbild in einer Schaufensterscheibe sah, hätte sie sich beinahe nicht erkannt. Es mußte an den kurzen Haaren liegen.

An der Straßenecke unten vor dem Haus lag der Sperrmüll bereit. Automatisch bückte sie sich nach einem beinahe neu aussehenden Dampfkochtopf, als ihr plötzlich klar wurde, daß sie das nicht mehr nötig hatte. In drei Wochen würde ihr erstes Gehalt überwiesen. Sie konnte sich einen neuen Dampfkochtopf kaufen, wenn sie einen brauchte. Sie stand vor den Abfallbergen und ließ ihre Pakete baumeln. Sie gehörte also wieder zu dieser Welt. Doch wen interessierte das? Sie ging eine Treppe hoch und klingelte bei Edith.

Niemand antwortete.

Sie klingelte noch einmal.

Es war beinahe Mittag. Edith mußte wach sein, Besuch hin oder her.

Endlich öffnete sie.

Ihr Morgenrock war zerrissen, ihr linkes Auge geschwollen, ihre Lippe geplatzt. Aber das war noch nicht das Schlimmste. Ihr Blick war völlig leer. Greta griff nach ihrer Schulter, ihre Hand krallte sich in den Frotteestoff. Sie schob sie in ihre Wohnung und schloß die Tür hinter ihnen.

Edith! Was ist passiert!

Edith schien durch sie hindurchzusehen, dann ging ein kleiner Ruck durch ihren Körper.

Oh, Greta, wie nett.

Ja.

Fassungslos stellte sie ihre Geschenke auf den Tisch.

Champagner! Heißt das, du hast die Stelle bekommen?

Edith war genauso wie immer, freundlich und ein bißchen schüchtern. Sie setzten sich an den Küchentisch. Greta mühte sich mit dem Champagnerkorken ab.

Dein Freund schläft noch? fragte sie scheinbar gleichgültig.

Oh ja, er schläft noch. Willst du ihn sehen?

Ihn sehen? Wie meinst du das?

Ja, komm mit! Komm ruhig!

Edith nahm sie an der Hand und führte sie ins Schlafzimmer, wo der schöne Leo auf dem Bett lag, nackt, auf dem Rücken ausgestreckt, die Augen zur Decke gedreht. Die Haarschneideschere steckte tief in seiner Brust.

Edith seufzte.

Es ist wirklich ein Jammer um so einen schönen Mann, flüsterte sie, und Greta nickte unwillkürlich. Edith schloß leise die Schlafzimmertüre.

Auf dem Küchentisch lag ein Bündel Briefe. Sie wog sie in der Hand.

Ich war nicht die einzige, die ihm schrieb, weißt du.

Und weil Greta noch nicht kapiert hatte, fuhr sie fort: Seit er entlassen ist, und das ist schon Wochen her, kassiert er bei all diesen einsamen Witwen ab.

Sie zuckte mit den Schultern und lächelte beinahe entschuldigend . . .

Du weißt ja, wo das Telefon steht. Ruf die Polizei.

Greta reagierte nicht.

Worauf wartest du?

Hast du eigentlich den Flickenteppich noch? fragte sie.

Wie bitte?

Den Flickenteppich, der früher in deinem Wohnzimmer gelegen hat.

Verständnislos sah sie sie an.

Im Keller, warum?

Die Sperrmüllabfuhr, sagte sie leise.

Edith nickte.

Die Sperrmüllabfuhr. Darauf wäre ich nicht gekommen.

Greta legte ihre Hand auf ihre und drückte sie einen Moment. Da ihr nichts einfiel, was sie noch sagen könnte, öffnete sie die Champagnerflasche.

Laß uns erst einmal anstoßen, sagte sie und hörte selber, wie schrecklich munter das klang.

Edith lächelte und stellte die Gläser auf den Tisch. Sie sahen sich an. Es würde bestimmt nicht schaden, ein bißchen Champagner zu trinken, bevor sie den schönen Leo in den Flickenteppich wickeln und am heiterhellen Nachmittag zum Sperrmüll an den Straßenrand legen würden.

Es mußte sie ja nur jemand dabei beobachten.

Aber die Straße war menschenleer, und so gingen sie gleich weiter bis zu dem kleinen Laden an der Ecke, wo sie eine zweite Flasche Champagner kauften, von derselben Marke. Das konnte auf gar keinen Fall schaden.

Die Fitnessfabrik

Ich stand schon eine ganze Weile im Büro und wartete. Das dumpfe Hämmern der Musik ließ den Fußboden erzittern. Der alles überdeckende, scharfe Schweißgeruch raubte mir den Atem. Ich war nahe daran, in Ohnmacht zu fallen. Ich hielt mich an der Theke fest. Der junge Mann mit der Löwenmähne schob gewissenhaft mit einer kleinen Feile seine Nagelhäutchen zurück und beachtete mich nicht weiter. Ungeduldig trommelte ich mit den Fingern auf die Theke, doch da ich meine Nägel bis aufs Fleisch abkaue, verursachten sie so gut wie kein Geräusch. Die Uhr tickte unaufhaltsam. In wenigen Minuten würde die Lektion beginnen. Durch die raumhohen Fenster fiel mein Blick in einen der Säle, in dem sich mindestens dreißig Frauen und zwei oder drei Männer am Boden in rhythmischen Zuckungen wanden.

Und mir gelang es nicht einmal, ein Ticket für die nächste Lektion zu bekommen.

Hal-loooo, sagte neben mir eine Stimme, die sogar die Musik übertönte. Ich wandte den Kopf, aber natürlich war ich nicht gemeint. Die Stimme schoß pfeilscharf aus einem dunkelrot geschminkten Mund und traf den Blondgelockten ins richtige Ohr. Er erhob sich und ließ die Nagelfeile fallen.

Esti, wie nett! hauchte er und küßte an der dezent geschminkten Wange vorbei.

Esti spitzte höflich die Lippen. Sie trug eine Lederjacke,

die so neu war, daß sie sich kaum darin bewegen konnte. Wenn sie die Arme anwinkelte, knarrte es. Aber es war genau die Art von Jacke, die ich mir immer gewünscht hatte. Ich senkte den Blick.

Wie war's im Osten? fragte der Blonde in lässig gedehntem Ton.

Furchtbar! Esti winkte ab. Du machst dir keinen Begriff! Vier Tage ohne Shopping!

Er verzog mitfühlend das Gesicht. Dann kramte er in seiner Kartei und förderte ein Bündel bunter Karten zutage.

Was darf's denn heute sein? Fitness? Aerobic? Modern? Stretching?

Esti zog eine Schnute, während der Zeiger unerbittlich vorrückte. Ich würde endgültig zu spät kommen. Schließlich entschied sie sich für ein bißchen Krafttraining, nahm ihr Ticket entgegen und verließ das Büro. Müde wandte sich der Blonde zu mir und hob fragend die Augenbrauen. S-stretching, flüsterte ich.

Er musterte mich streng. Kontrollierte sehr sorgfältig meinen Mitgliedsausweis. Endlich gab er mir eine der kleinen bunten Karten, ungern zwar, aber schließlich hatte ich dafür bezahlt. Ich nahm die Karte und eilte zu den Umkleidekabinen. Die große Umhängetasche mit dem Aufdruck *Where's the beach* schlug gegen meine Knie. Nichts war schlimmer, als zu spät zu kommen. Das war mir nur einmal passiert. Beim Klicken der Türe war die Musik verstummt, zwanzig hagere Gestalten, unbeweglich auf einem Bein stehend, hatten die Köpfe verdreht, um mich vorwurfsvoll zu mustern, und nicht eine, nicht eine einzige hatte dabei die Balance verloren.

Der Umkleideraum war beinahe leer. Eine tiefgebräunte Dame mit Fönfrisur wand sich Frotteebänder in verschiedenen Farben um Taille, Stirn und Handgelenke. Ein junges Mädchen versuchte, eine kaum getragene Turnhose in Größe 34 zu verkaufen. Turnhose war natürlich nicht die richtige Bezeichnung für das glänzende, rosasilbern getigerte Kleidungsstück, viel eher schon für das verwaschene schwarze Ding, das ich aus meiner Tasche zerrte. Die beiden jungen Mädchen in der Ecke warfen einen kühlen Blick auf mich und rutschten demonstrativ noch ein Stück weg und setzten ihre Diskussion mit leiser Stimme fort. Ich lächelte verkrampft und zog die Turnhose hoch, die ich schon in der Schulzeit getragen hatte und seither nie mehr. Das Gummiband war ausgeleiert, ich verknüpfte es vor dem Bauch. Mein T-Shirt behielt ich an. Was mir weitere vernichtende Blicke eintrug.

Ich dusche zu Hause, beeilte ich mich klarzustellen, ich wohne gleich um die Ecke.

Nur einmal hatte ich hier geduscht, in der Gemeinschaftsdusche, verschämt zwischen gestählten und nahtlos gebräunten Frauenkörpern. Freundlich und ganz beiläufig hatte mir eine dieser jungen Frauen angeboten, ihren Ladyshave zu benutzen – vielsagender Blick auf die dunklen Schatten unter meinen Armen. Einen Deodorant hatte sie ganz zufällig auch dabei.

Heiß war die Schamesröte in mein Gesicht gestiegen, ohne ein Wort hatte ich meine Kleider übergestreift, ohne die Seife abzuspülen oder mich auch nur abzutrocknen.

Zu Hause hatte mich eine Tafel Marzipanschokolade nur halbwegs trösten können. Nie wieder, hatte ich mir geschworen, nie wieder. Und war am übernächsten Tag zurückgekommen.

Alles hatte damit begonnen, daß ich im Tram ein Gespräch belauschte.

Eine junge Frau zur anderen: Man müßte das Selbstbewußtsein einer Dreißigjährigen und den Körper einer Sechzehnjährigen haben, das müßte man!

Nun, ich hatte keines von beidem. Ich war auch noch nicht dreißig. Das heißt – ich hielt einen Augenblick den Atem an – so gut wie. Ich rechnete noch einmal nach. Ich war so gut wie dreißig, nur noch wenige Wochen fehlten. Ich erinnerte mich, wie ich als Kind mit einer Mischung aus Schaudern und Faszination die Kaloderma-für-die-Haut-ab-dreißig-Werbung angestarrt hatte. Damals war ich mir ganz sicher gewesen, daß ich selber niemals dreißig Jahre alt werden würde. Offensichtlich hatte ich mich getäuscht.

Interessiert beugte ich mich vor, um das Gespräch der beiden Freundinnen weiter zu belauschen. Sie rollten jetzt die Ärmel ihrer T-Shirts hoch, um die Festigkeit ihrer Oberarme zu vergleichen.

An den Oberarmen fängt es nämlich an, sagte die eine.

Unwillkürlich schob ich eine Hand in meinen Pullover und fühlte nach.

Und am nächsten Morgen schrieb ich mich in der Fitnessfabrik ein, im vollen Bewußtsein, gegen meine Natur zu handeln.

Ich stopfte mein T-Shirt in die Turnhose und ging zum Plastikvorhang, der die Garderobe nur unzulänglich vor der Außenwelt schützte. Im Vorbeigehen fiel mein Blick in den Spiegel: Blaß. Esti, die gerade dabei war, ihr Make-up zu entfernen und eine getönte Sportcreme aufzutragen, runzelte die Stirn und funkelte mich wütend an. Mit einer Kinnbewegung scheuchte sie mich weg. Als wäre der Anblick meines Gesichtes neben ihrem im Spiegel mehr, als sie ertragen konnte.

Langsam ging ich den langen, schlecht beleuchteten und muffig riechenden Gang hinunter. Der einzige Raum in der ganzen Fitnessfabrik, der nicht auf einschüchternde Weise durchgestylt war. Von hinten nahte leises Trappeln. Ein ganzes Rudel Ballettratten drängte sich flüsternd und kichernd an mir vorbei. Ich blieb stehen, drückte mich an die Wand, zog den Bauch ein und ließ sie vorbei. Wieselflink huschten sie auf ihren ausgedrehten Füßchen davon, die Hälse gereckt, die zarten Knochen schimmerten unter ihren Trikots durch. Die einheitlichen Haarknoten reichten kaum bis an mein Brustbein. Ich fühlte mich wie ein altes Nashorn inmitten einer Schar zierlicher weißer Putzvögel. Es kostete mich eine ganze Minute, mich wieder in Bewegung zu setzen und mit erhobenem Kopf auf den Gymnastiksaal zuzuschreiten.

Als ich an der offenen Türe des Büros vorbeikam, brachte mich der Blick des Blondgelockten zum Stolpern. Schon zweimal hatte er mir beiläufig einen kleinen Handzettel mitgegeben, der auf besonders günstige Angebote hinwies, die der hauseigene Shop zu bieten hatte: Stirnbänder im Dutzendpack, Aerobicschuhe mit Luftkissensohle in aktuellen Pastellfarben, Elastikgürtel mit gepolsterten Schnallen und natürlich Trikots in allen Formen und Farben. Diesen Sommer bitte nur noch knielang! Bauchnabel frei!

Ich ignorierte den Blick, ebenso wie den grellbunten Wegweiser, der zum Shop zeigte, und ging zum Saal Nummer drei. Dort ging eben eine dieser mörderischen Aerobicstunden zu Ende. Ich sah durch die Glasscheibe zu. Mich schauderte, doch konnte ich den Blick nicht von dieser Schinderei wenden, von den zuckenden Körpern, den dunkelrot angelaufenen Gesichtern, geschwollenen

Adern, schweißnassen Trikots, dazu gnadenlos hämmernde Musik, unterbrochen von schrillen Schreien zwischen Schmerz und Ekstase. Der Saal war wie immer voll, übervoll, mehr als einmal sah ich, wie sich die Trainierenden mit weitausholenden Armbewegungen reihum ohrfeigten. Und links! Und rechts! Again! Again!

Die Musik brach kreischend ab, die Stunde war zu Ende, mit letzter Kraft klatschten sie in die Hände, wie es der Brauch verlangte, und schleppten sich aus dem Saal. Die Türe wurde geöffnet, ein scharfer, feuchter Geruch schlug mir entgegen. Keuchend taumelten sie an mir vorbei, ihre Augen leuchteten wie die der heiligen Märtyrer, und ich hätte schwören können, daß die eine oder andere von ihnen einfach durch mich hindurch trat, als wäre ich gar nicht da.

Jemand tippte auf meine Schulter. Ich fuhr herum. Mein heuschreckenähnlicher Tanzlehrer stand hinter mir und schenkte mir ein professionell aufmunterndes Lächeln.

Stretching heute im Saal 4, Schätzele, meinte er freundlich und ging an mir vorbei.

Ich folgte ihm schweigend, ergriffen und baß erstaunt über seine unerwartete Freundlichkeit. Mein Blick ruhte ehrfurchtsvoll auf seinen perfekt gerundeten, rollenden Hinterbacken. Für ihn würde ich bis ans Ende der Welt gehen. Für ihn würde ich die Beine hinter dem Nacken verschränken und so die Treppe hinunterkugeln. Wie im Traum schwebte ich an Swimmingpool, Solarium und Fitnessraum vorbei. Doch der Abstand zwischen mir und dem Heuschreckenmann wurde immer größer. Und plötzlich war er verschwunden.

Ich blickte mich um. Ich befand mich im Herzen der

Folterfabrik, im Kraftraum. Unmerklich flackernde Neonröhren tauchten den Raum, der ohne Ende schien, in ein unwirkliches Licht. Auf Maschinen, die ein fremder Geist ersonnen haben mußte, lagen wohlgeformte Körper ordentlich auf saubere Frottiertücher drapiert. Mit schaurigem Quietschen hoben und senkten sich Gewichte, die nicht für Menschen gedacht schienen. Dazu hörte man nur das rhythmische Atmen, fffh, fffh, fffh, aus gewissenhaft aufgeblasenen Backen.

Wie gelähmt blieb ich in dieser Vorhölle der Disziplin stehen. Ich starrte. Ich hielt den Atem an. Bis dicht neben mir mit unerlaubtem Krachen ein Gewicht niederging, eine perfekte, grünschillernd verpackte Gestalt aufschnellte und mich wütend anfauchte:

Raus! Hier wird trainiert!

Es war Esti, meine Freundin aus der Umkleidekabine. Ihre Augen blitzten unter dem grünen Stirnband, ihr Gesicht glänzte fleckig von Schweiß und geronnenem Sport-Make-up.

Meine Handflächen wurden feucht. Ich öffnete den Mund, um mich zu verteidigen, aber da lag sie schon wieder und stemmte eine gebogene chromglänzende Stange in die Luft. Ich senkte den Kopf, murmelte eine Entschuldigung und drehte mich um. Im Gehen fiel mein Blick auf die Rückseite der Maschine. Eine beachtliche Anzahl Gewichtsscheiben hob sich sehr, sehr langsam. Dazu hörte ich Estis regelmäßiges ffh ffh ffh.

Ich wartete, bis die Gewichte ganz oben waren, dann zog ich den Stöpsel heraus, der die Scheiben fixierte.

Krachend sauste die schwere Stange nieder und traf Esti genau am Halsansatz. Sie riß die Augen auf und gab einen unmenschlich gurgelnden Laut von sich. Niemand schien sie zu hören, und wenn, dann war es zumindest für niemand ein Grund, seine Übungsreihe zu unterbrechen. Das Geheimnis der Wirksamkeit dieser Übungen liegt in der Regelmäßigkeit ihrer Ausführung. Empfohlen werden zwei bis drei Sets zu 15 bis 20 Wiederholungen. Die Sets sind unter keinen Umständen zu unterbrechen. Also.

Ich atmete tief ein, hob den Kopf, zog den Bauch ein und preßte den Po zusammen, wie es mir die Heuschrecke mühsam beigebracht hatte. In dieser stolzen Haltung ging ich mit elastischen Schritten zurück. Die Umkleidekabine war leer. Ich setzte mich auf die Holzbank, meine Schenkel zitterten unkontrolliert. Mit fahrigen Bewegungen suchte ich meine Jeans und zog sie über die Turnhose. Als ich mich nach meinen Schuhen bückte, riß ich Estis Lederjacke vom Haken. Ich hob sie auf, befühlte sie mit den Fingern, zog sie schließlich an. Ich drehte mich vor dem Spiegel hin und her. So eine Lederjacke hatte ich mir immer schon gewünscht. Und sie paßte.

Im Gehen faßte ich unwillkürlich in die Jackentasche. Meine Finger berührten eine vertraute, eckige Form, Papier knisterte. Ich blieb stehen, ganz langsam zog ich meine Hand aus der Tasche, mit einem Marzipan-Nougat-Schokoladeriegel. Meine Lieblingssorte.

Blondinen haben einfach mehr Spaß . . .

Bis gleich also, sagte meine Schwester und legte auf.

So war sie.

Ich stand noch einen ganzen Augenblick so da und hielt den Hörer ans Ohr, aus dem nur noch ein dumpfes Summen klang. Ich fragte mich, was sie wohl diesmal wollte.

Nach all den Jahren.

Geld?

Zigaretten?

Gute Ratschläge?

Ein Kleid ausleihen?

Meinen Mann?

Ich legte den Hörer auf und ging ins Badezimmer. Mein Mund war ganz trocken. Ich trank einen Schluck direkt aus dem Wasserhahn. Dann ließ ich das kalte Wasser weiter laufen und hielt meine Handgelenke darunter. Ich schaute in den Spiegel. Dunkle Augen, etwas starr blickend. Helle Haut. Dunkle Haare. Dichte, glänzende, dunkelbraune Haare.

Als kleines Mädchen war ich blond gewesen. Ganz blond, fast weiß. Wilde Locken und dunkle Augen. Ich war ein hübsches Kind. Alle sagten das. Ich hüpfte an der Hand meiner Mutter durchs Leben und nahm Bonbons und Komplimente ganz selbstverständlich entgegen. Bis eines Tages meine Schwester kam und noch viel blonder war als ich.

Und vor allem hatte sie blaue Augen.

Nur darauf kommt es nämlich an.

Von diesem Tag an begann ich nachzudunkeln, unaufhaltsam. Wie alle Braunaugen. Bei denen hält das Blond nämlich nicht hin. Nie.

Je dunkler mein Haar wurde, desto seltener hörte ich, was für ein hübsches Kind ich doch sei. Die hohen Töne und zugesteckten Bonbons galten nur noch ihr. Sie nahm sie genauso selbstverständlich hin wie ich früher.

So wurde mir also schon als drei-, vierjähriges Mädchen klar, daß es Blondinen einfach leichter haben im Leben.

Meine Mutter bleichte ihr Haar. Wahrscheinlich dachte sie, nachdem sie schon unter Schmerzen zwei kleine Blondinen geboren hätte, könnte sie jetzt quasi ehrenhalber auch eine werden. Aber so einfach geht das nicht. Blond sein oder nicht ist Sache des Schicksals. Ihre Haare waren so struppig wie ein alter Abwaschschwamm. In der Farbe erinnerten sie an geronnene Milch oder an konzentrierten Urin. Je nach Packung.

Ich haßte meine Schwester. Mehrmals versuchte ich, sie umzubringen. Auf allen Babyfotos schreit sie – wenn ich mit drauf bin. Ich habe die Unterlippe vorgeschoben und die Stirn gefährlich gerunzelt. Meine Hände sieht man nicht. Irgendwo verberge ich einen spitzen Gegenstand, mit dem ich das Baby traktiere, während ich mürrisch in die Kamera schaue.

Natürlich hat sie schnell gelernt, sich zu wehren. Noch bevor sie reden konnte, bewies sie mir, daß die Blondere von zwei Streitenden immer recht hat. Ich frage mich, wo sie wohl bleibt. Das sieht ihr ähnlich. Einfach anzurufen, mitten am Nachmittag, und mich hier festzunageln. Ich werde ihr wohl etwas anbieten müssen. Tee . . . da ist noch ein Rest Kuchen . . . Um vier kommen die Kinder von der

Schule. Ich will nicht, daß sie sie sehen. Mein erster Mann war natürlich blond. Ich meine, der erste, den ich geheiratet habe. Mit dreiundzwanzig. Und er hatte blaue Augen. Mit ihm wollte ich Kinder haben. So viele und so schnell wie möglich. Ich sah mich manchmal durch die Straßen gehen, nach der Mode der sechziger Jahre gekleidet, wie meine Mutter damals, selbstsicher auf dünnen, gebogenen Absätzen, an jeder Hand ein blondes Kind und noch eins und noch eins und noch eins, eine endlose Kette, und die Leute würden am Straßenrand stehenbleiben, jubelnd, und uns mit Bonbons bewerfen.

Aber gerade noch rechtzeitig las ich in einem Buch, daß sich blaue Augen nur mit einer Chance von 4 zu 1 durchsetzen. Und was mit blonden Braunaugen passiert, wußte ich ja. Sie dunkeln nach. Das Risiko wollte ich nicht eingehen.

Mein jetziger Mann ist so schwarz, wie man nur sein kann, und unsere drei Kinder nicht viel heller. Innerhalb der Familie gehe ich schon fast als Blondine durch.

Während ich das Teewasser aufsetzte und den Tisch deckte, wurde ich langsam ruhiger. Ich hatte meine Schwester lange nicht gesehen. Das war alles.

Sie war ja bei weitem nicht die einzige Blondine auf der Welt.

Da war zum Beispiel diese fesche junge Englischlehrerin, die das tödlich Verletzende des typisch britischen Humors immer an mir demonstrierte.

Dann war da das Mädchen mit den unerträglich langen Beinen. Jedesmal, wenn ich mit meinen Freunden ausging, baten sie mich, sie doch auch einzuladen. Sie trauten sich nicht einmal, sie selber anzurufen. Und dann kam sie und saß da und sagte den ganzen Abend kein Wort.

Streckte nur ihre Beine aus und war blond. Und das genügte. Vollkommen.

Dann mein Lehrmeister in der Apotheke, der einem Vertreter erklärte, warum bei ihm nur blonde Frauen arbeiteten. «Blonde wirken einfach irgendwie seriöser und auch vertrauenerweckender. Irgendwie sauberer, Sie verstehen, darauf kommt es bei uns schließlich an. Brünette haben allesamt so etwas Vulgäres!» Er redete so laut, daß man es bis in den Verkaufsraum hören konnte, wo ich gerade eine Kundin bediente, und ich wurde rot. Ich wußte ja selber, daß ich zwei Jahre früher, bei meinem Lehrantritt, noch einiges heller gewesen war.

Und dann natürlich die Blondine im Supermarkt, die mir von hinten ihren Wagen in die Knöchel rammte. Ich sprang zur Seite, stolperte und riß im Fallen ein Gestell mit Essiggurkengläsern um. Während ich in einer übelriechenden Pfütze saß, kurvte sie elegant an mir vorbei zur Kasse und bezahlte mit kühlem Lächeln. Blondinen haben einfach mehr Spaß.

Na schön, dachte ich in diesem präzisen Moment, dafür haben sie oft eine erstaunlich kurze Lebenserwartung.

Und von da an bemühte ich mich, dem nachzuhelfen, wo immer sich eine Gelegenheit ergab. Und das war gar nicht so selten. Schließlich arbeitete ich in einer Apotheke.

Aber das alles war lange her.

Ich goß den Tee auf und stellte den Kuchen auf den Tisch. Es war nicht mehr sehr viel davon übrig, ich sah, daß sich die Kinder unregelmäßige Stückchen herausgeschnitten hatten. Ich nahm das elektrische Brotmesser aus der Schublade, um den Rest in winzige, saubere Vierecke zu zerteilen. Meine Schwester würde nichts merken. Ich war eine gute Hausfrau, eine wunderbare Hausfrau, durch nichts aus der Ruhe zu bringen. Blond oder nicht blond.

Hübsch, sagte meine Schwester laut, um das Dröhnen des elektrischen Messers zu übertönen. Ich wirbelte herum. Da stand sie im Türrahmen, dünn, ein bißchen blaß, stark geschminkt, die Augen riesig unter einer Wolke leuchtendoranger Locken.

Leuchtendorange Locken?

Ich habe geklingelt, fuhr sie fort, aber du hast mich wohl nicht gehört.

Was ... was ... hast du mit deinen Haaren gemacht ...? stotterte ich und zeigte verwirrt auf ihren Kopf. Sie fuhr zurück.

He, paß auf mit diesem Messer, das ist ja die reinste Motorsäge!

Sie kam in die Küche, nahm sich ein Kuchenstückchen vom Tisch und aß es im Stehen.

Henna, antwortete sie dann mit vollem Mund. Ihre Lippen waren schokoladeverschmiert.

Aber warum?

Das elektrische Messer vibrierte in meiner Hand. Ach, ich hatte es satt, blond zu sein. Paß doch um Himmels willen mit dem Messer auf! Blondinen sind irgendwie fad, findest du nicht?

Der junge Mann von gegenüber

. . . und dann hat die Eiserne Jungfrau zu mir gesagt . . .

Den Rest konnte sie nicht hören. Christa hielt einen Moment ganz still, dann richtete sie sich auf, zog die Strumpfhose hoch, strich Unterrock und Rock glatt und drückte die Spülung. Die Stimmen im Vorraum verstummten. Als sie die Toilettentür öffnete, sah sie gerade noch, wie zwei junge Frauen dicht aneinandergedrängt aus dem Raum huschten.

Christa wusch sich die Hände und trocknete sie methodisch ab, jeden Finger einzeln. Von diesen Heißluft-Handtrocknern, die vor kurzem installiert worden waren, hielt sie gar nichts.

Sie kontrollierte ihr Bild im Spiegel. Sie trug ein metallfarbenes Kostüm und eine kleingemusterte Seidenbluse mit passendem Schal. Die Sachen waren neu, und teuer. Christa hatte durchaus Sinn für modische Kleidung, sie hatte auch lange genug darauf verzichten müssen, aber irgendwie wirkte an ihr alles gleich sehr viel strenger und freudloser als auf dem Bügel. Genauso war es mit ihrem Haar, das sie einmal im Monat von einem bekannten Friseur nachschneiden ließ. Der Friseur war so berühmt, daß er noch öfter als seine Kundinnen in den Klatschspalten auftauchte. Alle schönen und reichen Frauen der Stadt gingen zu ihm. Sie nannten ihn einen Zauberer, einen Künstler und luden ihn sogar zu ihren Parties ein. Doch Christa schien es einfach nicht zu gelingen, mit ihm ins

Gespräch zu kommen, und so saß sie einmal im Monat ganz still inmitten des aufgeregten Summens, während der Meister mißmutig ihr graues Haar zu einem Eisenhelm zurechtstutzte. Christa fuhr sich versuchshalber mit der Hand durch die Haare, aber die Strähnen fielen genau dorthin zurück, wo sie hingehörten.

Eiserne Jungfrau . . . wie originell.

Und «eisern» stimmte nicht einmal.

Christa war schüchtern. Natürlich ließ sie sich das nicht anmerken, schon gar nicht in der Firma. Aber es war so. Nur deshalb war sie auf der mittleren Führungsebene steckengeblieben, wo es höchstens interne Sitzungen und ab und zu ein Mittagessen gab. Keine Reden auf Kongressen, keine Reisen in fremde Städte, keine Diners, bei denen viel Geld verschoben und trotzdem viel getrunken wurde.

Christa war eine der ersten Frauen gewesen, die die Firma eingestellt hatte. Als Schreibhilfe in einem riesigen Büro mit anderen jungen Frauen. Es war eine langweilige und ermüdende Arbeit, die Frauen wechselten oft. Die meisten heirateten, aber das kam für Christa nicht in Frage. Sie war aufgestiegen, langsam, mühsam, aber unaufhaltsam. Damals war es von Vorteil, nicht allzu hübsch oder kokett zu sein. Christa war keins von beidem. Da sie für den Empfang nicht in Frage kam (von dem aus kein Weg weiterführte, jedenfalls nicht für die Angestellten), war sie erst einmal Sekretärin geworden. An ihrem ersten Arbeitstag in ihrem ersten eigenen winzigen Büro, eigentlich mehr ein Vorzimmer, hatte sie sich einen Plan gemacht. Stufe für Stufe hatte sie eingezeichnet, und wie sie sie erreichen wollte und wann, in verschiedenen Farben. Der Plan lag in einem Klarsichtmäppchen immer noch in ihrem Schreibtisch, Schritt für Schritt abgehakt und durchgestrichen. Seit ein paar Jahren hatte sie die Position, die sie für sich vorgesehen hatte. Sie hatte es geschafft. Doch sie erlaubte sich deswegen noch lange nicht, sich zurückzulehnen. Das wäre gefährlich gewesen. Sie arbeitete weiter hart und gab sich keine Blöße, niemals.

Nur ganz selten fragte sie sich, warum sie das alles machte. Vor allem, seit ihre Mutter gestorben war. Aber der Gedanke war unheimlich, sie schob ihn schnell beiseite. Immerhin hatte sie Kurt. Das durfte sie nicht vergessen. Ohne ihn hätte sie die letzten Jahre wohl nicht durchgestanden.

Keine andere Frau hatte es so weit gebracht – nicht in dieser Firma. Aber die Zeiten änderten sich. Heute sah sie junge Frauen scheinbar mühelos Karriere machen, und zwar durchaus die Hübschen, die Koketten, gerade die. Sie schienen überhaupt nicht zu wissen, was Verzicht bedeutete, oder daß das Leben ein Kampf war, vielleicht war es das für sie auch nicht. Christas Leben war ein einziger Kampf. Sie haßte diese jungen Frauen, denen alles so leicht fiel. Manche hatten sogar Männer zu Hause, die abends für sie kochten!

Christa merkte am Schmerz des leichten Muskelkrampfes, wie fest sie ihre Kiefer aufeinandergepreßt hatte. Langsam öffnete sie den Mund und streckte gewissenhaft die Zunge heraus. Der Krampf löste sich.

Christa verließ die Firma als letzte. Bevor sie ging, brachte sie noch ein paar Dossiers auf den Pulten dieser jungen Aufsteigerinnen durcheinander, ließ hier eine Akte verschwinden und da ein Computerprogramm abstürzen.

Allzu leicht sollten sie es nicht haben.

Als sie die Wohnungstür aufschloß, schlug ihr ein abgestandener, fauliger Geruch entgegen. Als ob hier eine Tote lebte. Sie öffnete das Fenster.

Die Wohnung gehörte ihr. Sie lag im elften Stockwerk eines luxuriösen Hochhauses, war hell und großzügig und modern und gehörte ihr. Sie hatte sie nach dem Tod ihrer Mutter vor fünf Jahren gekauft. Irgend etwas mußte sie mit dem Geld ja machen, das sich auf der Bank angehäuft hatte. Die ganzen Jahre hatte sie gut verdient und kaum etwas ausgegeben. Wie sollte sie auch. Sie hatte mit ihrer Mutter in einem kleinen Häuschen am Stadtrand gelebt. Ihre Mutter hatte an Multipler Sklerose gelitten. Die Tagesschwester, die Gehhilfen, den Bügel am Bett und die Griffe in der Dusche, sogar die Gummiunterlagen hatte die Krankenkasse bezahlt. Christa war abends niemals ausgegangen, sie konnte ihre Mutter nicht allein lassen, aber das hatte sie nicht gestört. Sie hatte immer gewußt, daß ihr wirkliches Leben erst später beginnen würde. Deshalb hätte es auch gar keinen Sinn gehabt, sich vorher schon etwas zu leisten, neue Kleider etwa, teures Essen oder einen Plattenspieler. Sie ertrug die Abende geduldig und gutgelaunt und dachte dabei an später.

Nach dem Tod ihrer Mutter hatte sie das Haus und die Möbel und alles verkauft. Sie wollte nichts davon behalten, sogar die Fotos hatte sie weggeworfen. Sie wollte sich gar nicht mehr an diese Zeit erinnern. Sie hatte die moderne Wohnung in der Innenstadt gekauft und ganz neu eingerichtet.

Und trotzdem war alles ganz anders gekommen. Ihr Leben hatte sich kaum verändert. Sie saß abends zu Hause und hörte Platten oder las Bücher. Ihre Mutter hatte wenigstens ab und zu eine Bemerkung zum Essen gemacht, es war ihr aufgefallen, ob Christa schlecht gelaunt war oder eine andere Bluse trug, und sie hatte ihr zugehört, wenn sie vom Büro erzählte. Nach ihrem Tod war Christa ganz allein mit ihren modernen Möbeln, den teuren Kleidern und den funkelnagelneuen Schallplatten und wartete darauf, daß irgend etwas passierte. Bevor sie Kurt kennengelernt hatte, war sie einigermaßen verzweifelt gewesen.

Sie sah sich um. Die Wohnung war peinlich sauber und aufgeräumt. Bis auf den Blumenstrauß auf dem Tisch könnte sie gut als Demonstrationsappartement durchgehen. Christa hatte immer frische Blumen in der Wohnung. Der Garten fehlte ihr, das war wahr.

Christa trug die Blumenvase in die Küche, um das Wasser zu wechseln und die Stiele nachzuschneiden. Als sie das grünliche Wasser ausleerte, wurde der faulige Geruch beinahe unerträglich. Daher kam es also. Christa schenkte sich ein Glas Weißwein ein. Sie mußte vergessen haben, das Wasser zu wechseln, und zwar mehrere Tage lang. Sie konnte sich nicht vorstellen, wie das passieren konnte. Andererseits war sie erleichtert, daß der unangenehme Geruch eine genau bestimmbare Ursache hatte, die außerdem ganz einfach zu beseitigen war.

Sie füllte die Vase neu und rieb mit einem sauber gefalteten Lappen die Wasserspritzer von der Chromstahlfläche.

Zweites Glas.

Sie packte ihre Einkaufstasche aus. Eine Handvoll Jakobsmuscheln, Wildreis, ein bißchen Spinat. Dazu ein kleiner Salat, mit diesem teuren neuen Essig angemacht, und zum Nachtisch vielleicht ein Zitronenschäumchen. Christa war sehr streng mit sich selber, wenn es ums Essen ging. Sie wußte, wie groß die Versuchung war, abends etwas Vorgekochtes aus einem Plastikgeschirr zu löffeln und dabei fernzusehen. Es wäre so einfach, dem nachzugeben, und so praktisch, doch das wäre nur der Anfang. Sie würde sich komplett gehenlassen. Das durfte nicht geschehen. Christa kochte jeden Abend drei Gänge für sich ganz allein, deckte den Tisch im Zimmer mit Leinenserviette und Kerze und Salz- und Pfefferstreuer aus Sterlingsilber.

Drittes Glas.

Trinken war an sich erlaubt, so lange der Wein wirklich gut war. Dann machte es auch nichts, wenn es einmal ein bißchen viel war. Eine Flasche Weißwein war doch nicht viel, oder?

Meistens blieb es allerdings nicht bei einer.

Kurt trank Bier, daran lag es. Er trank es direkt aus der Dose, das ging natürlich schneller, und da sie ihn nicht allein trinken lassen wollte, mußte sie meist schon bald die zweite Flasche öffnen. Gut, sie hatte früher schon getrunken, aber sie war besser damit fertig geworden. In letzter Zeit hatte sie morgens manchmal das Gefühl, ihr Kopf sei zu schwer und schwanke gefährlich auf ihrem dünnen Hals.

Sie stand immer schon um halb sechs auf. Sie bügelte die Kleider auf, die sie am Vorabend zurechtgelegt hatte, wusch sich die Haare, fönte ihren Helm zurecht und spülte das Frühstücksgeschirr. Dann setzte sie sich hin und schrieb eine Liste von Dingen, die sie nicht vergessen durfte. Sie brauchte diese Zeit am Morgen, um den Tag in Angriff nehmen zu können. Ehrlich gesagt, war sie früher auch nicht so spät ins Bett gegangen. Unwillkürlich warf sie einen Blick aus dem Fenster. Kurt wohnte in dem anderen Hochhaus, gleich gegenüber. Seine Fenster waren noch dunkel.

Er kam meistens erst nach dem Essen, um neun, halb zehn. Und dann konnte sie doch nicht gleich ins Bett gehen, oder? Das wäre nicht höflich gewesen.

Sie dämpfte das Licht. Auf dem Fensterbrett standen ein paar Kerzen mit zitternden Flammen. Sie hatte den schweren Ledersessel ans Fenster gerückt und eine Wolldecke auf den Ledersessel gelegt, damit sie nicht fror. Sie trug jetzt nur noch ihren Unterrock. In einer Hand hielt sie ihr Glas, die andere lag wie zufällig auf ihrer linken Brust. Die Wohnung gegenüber war hell erleuchtet. Kurt war nicht zu sehen. Er stand wohl noch in der Küche, wo er sich etwas zu essen zurechtmachte. Gleich würde er ins Zimmer treten, mit seinem Brot und seiner Bierdose, er würde sich aufs Sofa setzen und eventuell den Fernseher einschalten, aber nicht unbedingt. Er saß ihr direkt gegenüber, wenn sie das Opernglas richtig einstellte, war es, als sei er in ihrer Wohnung. Sie konnte mit ihm sprechen. Ihn berühren, beinahe. Meistens trug er ein weißes, geripptes Unterhemd, von der Sorte, die Marlon Brando berühmt gemacht hatte. Er saß breitbeinig, die Füße weit von sich gestreckt oder auf den kleinen Tisch gelegt. Manchmal las er die Zeitung, dann konnte sie sein Gesicht nicht sehen. Einmal hatte er telefoniert, und während er sprach, gedankenlos eine Hand in sein Unterhemd geschoben und sich die Brust massiert, dabei hatte er direkt in ihre Augen geschaut, und sie war atemlos zurückgewichen. Obwohl er sie ja wohl kaum sehen konnte.

Oder?

Christa wartete nun schon eine ganze Weile. Langsam fröstelte sie in ihrem dünnen Unterrock. Er würde doch nicht etwa in der Küche bleiben? Was er wohl so lange machte, an diesem ganz normalen Montagabend? Sie wußte, daß er nicht kochen konnte, sie erkannte es an seinem ungeduldigen Ausdruck, wenn er sein belegtes Brot anschaute, kurz bevor er hineinbiß. Er mußte diese Brote gründlich satt haben. Eines Abends würde sie ihn zum Essen einladen, hier an diesem Tisch würde er sitzen und jeden Bissen genießen, und dann würde er ihre Hand küssen und sagen: Du hast mir neue Welten eröffnet.

Sie mußte nur den richtigen Zeitpunkt abwarten.

Christas Hand krallte sich schmerzhaft in ihre eigene Brust. Kurt hatte das Zimmer betreten. Er trug ein buntbedrucktes Hemd und frisch gebügelte Hosen. Sie drehte am Opernglas, tatsächlich, das Preisschild baumelte noch über den Kragen des Hemdes, es mußte ganz neu sein. Er deckte den runden Tisch in der Ecke. Er zündete Kerzen an. Christa sah an seinen Bewegungen, daß er nervös war.

Sie warf das Opernglas weg, es kollerte geräuschvoll über das glatte Parkett. Sie stand auf und zog einen Pullover über den Unterrock. So war das also. Nach all diesen Abenden, Wochen, Monaten des Wartens. Sie hatte sich nicht aufdrängen wollen, sie hatte gewartet. Und das hatte sie nun davon. Kurt war nicht besser als alle anderen Männer. Sie wußte schon, warum sie sich nie mit einem von ihnen eingelassen hatte. Christa trank ihr Glas im Stehen aus, dann ging sie ins Badezimmer. Zähneputzen, Zahnseide und Mundddusche nahmen eine gute Viertelstunde in Anspruch, und langsam beruhigte sie sich. Sie würde früher ins Bett gehen und besser schlafen. Weniger trinken, das war alles. Mit methodischen, kreisenden Bewegungen trug sie ihre Nachtcreme auf und bürstete ihr Haar. Hundertmal gegen den Strich. Sie löschte das Licht.

In der Wohnung gegenüber war nun der Tisch gedeckt. Kerzen brannten. Kurt kam gerade aus der Küche. Mit einem erwartungsvollen Lächeln balancierte er eine Platte, auf der ein Braten lag, ein riesiger Braten, vollkommen ungeeignet für zwei Personen.

Mit dem Rücken zu ihr saß der Gast. Eine junge Frau mit burschikosem Haarschnitt und leuchtendroter Bluse. Seltsam, daß sie ihn allein kochen ließ . . . Christa hätte das nicht zugelassen. Sie setzte sich auf die Armlehne des Sessels und tastete nach ihrem Glas. Es war leer. Sie schenkte sich noch einmal Wein ein und trank einen Schluck, obwohl er so kurz nach dem Zähneputzen nach nichts schmeckte. Kurt stellte die Platte auf den Tisch, beugte sich über die junge Frau und küßte sie. Christa bückte sich nach dem Opernglas. Die junge Frau stand auf und legte ihre Arme um Kurt. Ihre Unterarme waren behaart. Christa stellte das Glas scharfer ein.

Na also. Es war ein junger Mann. Dunkelhaarig, feingliedrig, wunderschön.

Christa kuschelte sich in den Sessel zurück. Sie hob ihr Glas und prostete den beiden zu.

Sie hatte sich ganz grundlos aufgeregt. Vincent, so würde er heißen, hätte sicher auch bald genug von Kurts belegten Broten. Sie würden sich bestimmt freuen, wenn sie sie zum Essen einlud. Genau das würde sie tun. Sie mußte nur den richtigen Moment abwarten.

Der Ausflug

Der grüne Streifen Wald am Horizont verschwamm vor ihren Augen. Die Sonne brannte auf ihre nackten Schultern, der Asphalt schien zu schmelzen, ihre Füße sanken millimetertief darin ein. Mit zusammengebissenen Zähnen schob sie das alte Fahrrad den Hügel hinauf, wo Heinz im Schatten des Waldrands auf sie wartete. Das hoffte sie jedenfalls. Sie atmete schmerzhaft und keuchend durch den Mund, es mußte bis an den Waldrand zu hören sein. Schweiß rann in Strömen zwischen ihren Brüsten hinab, unter ihrem Haaransatz pochte es.

Sie kniff die Augen zusammen. Zerquetschte Tränen im Augenwinkel, vielleicht nur Schweiß. Sie war nahe daran, das Rad fallenzulassen, sich seitlich in den Abgrund zu werfen und die trockenen Sommerwiesenhänge hinunterzukugeln bis auf die Eisenbahnschienen ganz unten im Tal, wo sie einfach liegenbleiben würde, bis sie der nächste Bummelzug barmherzig überrollte . . . Statt dessen zwang sie sich weiter. Schritt für Schritt. Heinz würde so etwas überhaupt nicht lustig finden.

Sie kannte ihn erst seit drei Wochen. Das war nicht besonders lange. Sie wußte nicht viel über ihn, aber sie liebte ihn und hatte deshalb die Einladung zur Radtour am Wochenende erfreut angenommen.

Sie hatte dabei an schattige Wege gedacht, an einen eiskalten Bach, in den sie die Zehenspitzen tauchen würden, an verschlafene Dörfer, an Liebe auf einer Wiese, an

Mückenstiche, Vanilleeis mit heißer Schokolade unter breiten, grünen Blättern. Auf die Sportlichkeit, den Ehrgeiz und die Unerbittlichkeit von Heinz war sie nicht vorbereitet gewesen. In keiner Weise.

Sie hatten sich morgens in aller Frühe auf einem kleinen Landbahnhof getroffen. Der Tag war noch frisch. Sie fröstelte ein bißchen in ihrem kurzen, engen Rock. An der Lenkstange ihres Fahrrades hatte sie eine Plastikrose befestigt. Sie freute sich auf den Tag. Dann sah sie ihn.

Er trug eine knallbunte Mütze, Handschuhe, Trikothosen und aufwärts gebogene Schuhe. Mit einer Hand hielt er ein federleicht aussehendes Rennrad, mit der anderen hob er eine graue Plastikflasche an die Lippen. Sie hätte ihn beinahe nicht erkannt. Als er sie kommen sah, ließ er die Flasche sinken. Er starrte sie an. So willst du fahren??

Er deutete auf ihren kurzen, ausgewaschenen, roten Rock.

Sie lächelte unsicher. Sie wußte nicht, was sie sagen sollte. Es war ganz offensichtlich, daß sie sich unter Radfahren etwas anderes vorstellte als er.

Er schüttelte den Kopf, murmelte etwas von Zeitplan und wann er die erste Etappe erreicht haben wollte, schwang sich in den Sattel und flitzte davon. In kürzester Zeit hatte sie ihn aus den Augen verloren.

Unterdessen war es früher Nachmittag geworden. Das Mittagessen hatte aus Trockenfleisch und diesem lauwarmen Sportgetränk bestanden, hastig an einem Straßenrand eingenommen. Jede volle Stunde wartete Heinz auf sie, den Blick auf die Uhr geheftet. Kaum sah er sie kommen, fuhr er auch schon wieder davon. Beim dritten Mal hatte sie ihn außer Atem und den Tränen nahe gebeten, sich doch bitte nicht weiter um sie zu kümmern. Ernsthaft hatte er ihr erklärt, er tue das nicht ihretwegen, sondern wegen seiner Kondition. Es erhöhe den Trainingseffekt ungemein, wenn man den Puls sich regelmäßig beruhigen lasse, bevor man ihn um so härter wieder hinaufjage. Darauf hatte sie keine Antwort gewußt.

Er war sowieso schon wieder außer Hörweite.

Während sie ihr Rad zu dem Wäldchen hinaufschob, fragte sie sich, warum sie bis jetzt nichts von der gnadenlosen Sportlichkeit ihres Freundes gemerkt hatte. Dann fiel ihr ein, daß es die letzten drei Wochen beinahe ununterbrochen geregnet hatte. Heinz war ab und zu abends in ein Fitnesscenter verschwunden, aber das taten schließlich viele Menschen, sogar manche ihrer besten Freunde. Obwohl jeder Atemzug in der Lunge stach, brach sie in keuchendes Gelächter aus. Sie blieb einen Augenblick stehen, legte die Hand auf die schmerzende Seite und lachte bitter beim Gedanken daran, daß der regnerische Frühsommer an allem schuld war. In der Zeitung wurde das ungewöhnlich schlechte Wetter – das schlechteste seit Jahrzehnten – für Krankheiten, Todesfälle, Depressionen und sogar Selbstmorde verantwortlich gemacht. Was war dagegen eine unglückliche Liebesgeschichte?

Ihre Fußsohlen begannen zu glühen, sie setzte sich mühevoll wieder in Bewegung. Täuschte sie sich, oder wich der Waldrand immer weiter zurück, je länger sie sich daraufzuschleppte?

Ich habe die Nase voll, dachte sie trotzig.

Sie kam oben an und sah, daß der Wald nur aus einem schmalen Streifen von Bäumen bestand, und daß es gleich dahinter in der prallen Sonne weiter bergauf ging. In endlosen Schleifen bergauf. Und von Heinz keine Spur. Sie warf das Fahrrad hin und brach in Tränen aus.

Ein Sportwagen kam neben ihr zum Stehen, ein junges, feistes, schnurrbärtiges Gesicht beugte sich aus dem offenen Fenster und bot an, sie bis zur nächsten Ortschaft mitzunehmen. Sie zog die Nase hoch, fuhr sich mit der Hand über das Gesicht und stand auf.

Und das Rad?

Das Rad lasse ich da, sagte sie unbekümmert.

Im Wagen hämmerte Musik. Achthundert Watt und Megabaß, erklärte der junge Mann. Sie fuhren mit quietschenden Reifen los. Ließen den Baumstreifen hinter sich. Der Mann hieß Albi. Er schielte begehrlich auf ihre langen braunen Beine. Mit näselnder Stimme wies er sie auf all die kleinen Extras hin, die er in seinen Wagen eingebaut hatte, ganz allein übrigens, mit diesen beiden Händen. Sie drehte den Kopf zum Fenster. Er fragte sie, ob sie aus der Stadt sei, und als sie nickte, fand er, sie sei erstaunlich hübsch für eine aus der Stadt.

Er räusperte sich.

Ich bin bei meiner Mutter zum Kaffee eingeladen. Wie jeden ersten Sonntag im Monat.

Aha.

Sie, hm, Sie wollen nicht zufällig mitkommen?

Sie drehte den Kopf und sah, daß er jetzt stark schwitzte.

Nein danke, sagte sie knapp und sah wieder geradeaus.

Ja, die Sache ist die, sagte er verlegen, ich wollte ihr meine neue Freundin vorstellen, und jetzt haben wir uns gestern gestritten, was heißt gestritten, davongelaufen ist sie, und wie soll ich das meiner Mutter erklären, sie hat sich so gefreut . . .

Das ist doch nicht Ihr Ernst! Gegen ihren Willen mußte sie lachen.

Meine Mutter hat Ines nie gesehen, fuhr er fort, es käme also gar nicht darauf an. Abgesehen davon würden Sie ihr bestimmt besser gefallen, Sie haben so etwas Natürliches.

Albi zuckte mit den Schultern und entspannte sich ein bißchen. Immerhin hatte sie ihn nicht gleich geohrfeigt. Sie legte den Kopf zurück und blinzelte in die Sonne. In hohem Tempo fuhren sie um die nächste Kurve. Da sah sie Heinz, verbissen, gebückt auf seinem Fahrrad. Rechts von der Straße immer noch der Abgrund, der ihr vor kurzem noch so verlockend erschienen war, der Abgrund, der steil und steinig war und erst sehr viel tiefer auf den Eisenbahnschienen endete. Sie streckte ihre Hand aus und faßte zwischen Albis dickliche, weiche Beine.

Er ließ das Steuerrad los. Schnappte nach Luft. Schloß die Augen. Der Wagen schlingerte nach rechts. Einen Augenblick später hatte er sich wieder gefangen, aber dieser Augenblick hatte gereicht. Sie nahm ihre Hand weg.

Entschuldige, murmelte sie, ich wollte dich nicht erschrecken.

Das . . . das . . . was war das? Er bremste und brachte den Wagen zum Stehen.

Meine Hand?

Nein . . . da war . . . ein Stoß.

Sie blickte über ihre Schulter zurück. Von Heinz keine Spur.

Da war nichts, sagte sie sanft, es tut mir wirklich leid, wenn ich dich erschreckt habe.

Sie kuschelte sich in den Sitz zurück.

Deine Mutter, fragte sie, macht sie Kuchen zum Kaffee?

In weiter Ferne hörte sie das Pfeifen des Zuges. Ich liebe Kuchen, murmelte sie träge.

Ein Opfer der Hormone

Nicht schon wieder, sagte Mama.

Doch.

Mama sah einen Augenblick lang aus, als wollte sie ihr die Türe vor der Nase zuschlagen, dann überlegte sie es sich, seufzte, hakte die Sicherheitskette aus und ließ Klara eintreten.

Im Wohnzimmer saßen ungefähr zehn Kinder jeden Alters vor dem Fernseher, Babies, Krabbelkinder, Schulkinder mit aufgeschlagenen Knien. Drei davon waren Klaras.

Sie zeigten weder Überraschung noch übertriebene Begeisterung, eher gelangweilt blickten sie auf, gaben ihr ein kleines Zeichen mit der Hand und wandten sich dann sofort wieder dem Bildschirm zu.

Mama zog sie in die Küche, schloß die Türe und zündete sich sofort eine Zigarette an. Mama rauchte nicht in Gegenwart der Kinder. Sie war eine sehr gewissenhafte Tagesmutter, eine der besten, der Fernseher lief auch nur bei schlechtem Wetter, sonst spielten die Kinder in dem kleinen, verwilderten Garten hinter dem Haus. Mama konnte nicht verstehen, warum sie nie eine offizielle Bewilligung erhalten hatte. Klara wußte es: zu viele Vorstrafen, aber sie sagte nichts, sie wollte ihre Mutter nicht verletzen. Außerdem gab es genügend Frauen, die es sich gar nicht leisten konnten, auf einer offiziellen Bewilligung zu bestehen. Mama konnte sich nicht beklagen, sie hatte immer mehr als genug Anfragen. Klara konnte froh sein, daß sie ihre drei überhaupt aufnehmen konnte. Jonathan war jetzt sechs, Marina vier und Lola zwei.

Es überkam sie in regelmäßigen Abständen.

Du hast es also wieder einmal geschafft, sagte ihre Mutter mit einem resignierten Blick auf ihren gewölbten Bauch und stellte einen Aschenbecher auf den Tisch. Klara nickte. Sie lächelte, sie konnte nicht anders, ihre Mundwinkel rutschten von alleine auseinander, sie bleckte die Zähne, ein blödsinnig glückliches Lächeln, das jeden Außenstehenden zu Tode erschreckt hätte.

Du kannst es einfach nicht lassen, sagte Mama. Kannst du nicht wenigstens einmal vorher heiraten? Ist das denn zuviel verlangt? Deine Kinder brauchen einen Vater!

Sie biß sich auf die Unterlippe. Mindestens einen, fügte sie hilflos hinzu. Klara nahm ihr die Bemerkung nicht übel, ihre Mutter hatte sie auch allein erzogen, aber das waren noch andere Zeiten gewesen. Klara stellte sich vor, wie es sein mußte, täglich mindestens einmal zu hören: Dem Mädchen fehlt halt der Vater.

Sie hatte mit schmutzigen Schuhen im Treppenhaus gespielt – ihr fehlte der Vater. Sie hatte die Hausaufgaben nicht gemacht – ihr fehlte der Vater. Sie hatte Kaugummi geklaut, die Schule geschwänzt, Hosen getragen, sich geprügelt – ihr fehlte der Vater. Sie ging mit Männern aus, ging nicht mit Männern aus, sie schminkte sich zu stark oder zu wenig – ihr fehlte der Vater.

Klara hatte das gar nie in Frage gestellt. Tatsache war, daß es bei ihr zu Hause keinen Vater gab, und fehlen mußte er ihr wohl, denn wozu wären Väter sonst da?

Manchmal kamen ihr allerdings Zweifel. Die Väter ihrer Freundinnen schienen immer ausgerechnet am schulfreien

Samstag Ruhe und Schonung zu brauchen. Gerade, wenn sie so schön spielten, mußten sie leise sein. Väter kamen abends im ungünstigsten Moment nach Hause und erwarteten von ihren Kindern, daß sie alles stehen- und liegenließen, um sie zu umarmen. Sie waren unrasiert und hatten laute Stimmen und schimpften wegen nichtiger Kleinigkeiten, die ihnen die Mütter gepetzt hatten. Sie setzten voraus, daß man sich vor Begeisterung überschlug, wenn sie ausnahmsweise einmal früher nach Hause kamen, sie stellten idiotische Fragen über die Schule und die Lehrer und die Hausaufgaben und warteten dann nicht einmal eine Antwort ab. Manchmal warfen sie kurze, verwirrte Blicke auf ihre Kinder, als fragten sie sich, aus welchem Raumschiff diese seltsamen Fremden wohl geklettert waren. Die Kinder empfanden offensichtlich dasselbe, waren aber zu höflich, um sich etwas anmerken zu lassen.

Klara seufzte. Das alles hatte sie nie daran gehindert, sich einen Mann zu wünschen, einen Ehemann, meinte sie, einen Familienvater.

Diesmal geht es wirklich nicht, sagte sie.

Ihre Mutter fuhr mit der Zigarette durch die Luft.

Verheiratet?

Das auch.

Klaras Freunde waren immer verheiratet.

Mama zündete sich eine neue Zigarette am Stummel der alten an. Sie kniff die Augen zusammen und warf ihrer Tochter einen nur noch halbherzig strengen Blick zu.

Deinetwegen hätte man die Pille nicht erfinden müssen, was?

Klara blieb stumm, sie sah, wie Mama sich zurücklehnte, aufs Rauchen konzentrierte, bald würde sie es akzeptieren, was blieb ihr auch anderes übrig?

Ich verstehe dich nicht, seufzte Mama abschließend, und Klara nickte, sie verstand sich selber nicht.

Sie wußte noch, wie verzweifelt sie gewesen war, als sie zum ersten Mal diesen blauen Ring im Teströhrchen gesehen hatte, damals war sie einundzwanzig und arbeitslos. Jonathans Vater war natürlich verheiratet gewesen, aber das erfuhr sie erst bei der Gelegenheit, und Mama saß gerade eine kurze Strafe ab.

Denn Mama räumte in regelmäßigen Abständen die Läden aus, ganz offen und ungeniert, so daß sie dauernd erwischt wurde. Ein cleverer Anwalt verschaffte ihr schließlich ein Zeugnis, welches die kleptomanischen Anfälle als zyklusbedingt deklarierte und ihr so die volle Zurechnungsfähigkeit absprach – Mama war also ebenso ein Opfer der Hormone wie sie.

Denn Klara konnte nicht mit einem Mann ins Bett gehen, ohne schwanger zu werden, das heißt, eigentlich konnte sie nicht mit einem Mann ins Bett gehen, ohne sich in ihn zu verlieben, und wenn sie verliebt war, wünschte sie sich ein Kind, und wenn sie sich ein Kind wünschte, wurde sie schwanger, Verhütung hin oder her. Ruhe hatte sie nur, wenn sie stillte, und da sie alle ihre Kinder ungefähr ein Jahr lang gestillt hatte, war es eben zu diesen regelmäßigen Abständen gekommen.

Und wie stellst du dir das vor? fragte Mama. Ja, ich weiß schon, ein Jahr Fürsorge, und dann bin ich wieder dran, hör mal, meinst du, das sei ein Leben für diese kleinen Würmer, immer mit mir alter Frau, sie brauchen ihre Mutter, wenn sie schon keinen Vater haben, sie kennen dich ja kaum mehr!

Klara senkte den Kopf, schuldbewußt, sie hielt die Pose aber nicht lange genug durch, sie war einfach zu glücklich.

Zwischendurch gab es auch Zeiten, in denen sie klar denken konnte, Zeiten, in denen sie ihre Kinder verfluchte und sich selbst, die sie eine gute Mutter sein wollte und nicht konnte. Und dann kam wieder der Moment, wo sich die Straßen mit lächelnden, schwangeren Frauen zu füllen schienen, die Klara neidisch beobachtete, sie fing wieder an, diese Unausgefülltheit, diese Leere zu empfinden, sie erwischte sich dabei, wie sie Umstandskleider anprobierte, Stricknadeln und weiche Wolle kaufte und die Hände über ihrem Bauch faltete, bevor es überhaupt etwas zu schützen gab. War sie erst einmal soweit, konnte es nicht mehr lange dauern, bis sie wieder schwanger wurde.

Es war eine rein körperliche Sehnsucht, die nichts mit vernünftigen Überlegungen zu tun hatte, und der sie nicht beikommen konnte. Sie liebte dieses Gefühl von gespannter Haut und schweren Brüsten, sie liebte die Überempfindlichkeit und sogar die morgendliche Übelkeit. Sie liebte ihren unförmigen Bauch und wie er sich bewegte, wenn das Kind strampelte, und noch Wochen nach der Geburt meinte sie jeweils, die Tritte zu spüren.

Dabei wußte sie sehr gut, daß jemand wie sie keine Kinder haben sollte, oder zumindest nicht so viele. Klara arbeitete als Kellnerin in einem dieser schmuddligen Lokale, in denen es immer nach abgestandenem Öl riecht, obwohl die meisten Leute nur zum Trinken kommen. Sie arbeitete zu unmöglichen Zeiten und verdiente nur gerade so viel, daß sie sich ein möbliertes Zimmer leisten konnte. Wenn sie nicht immer wieder schwanger geworden wäre, hätte sie es vielleicht geschafft, eine bessere Arbeit zu finden, etwas Geld auf die Seite zu legen, eine richtige Wohnung zu mieten, Jonathan zu sich zu nehmen, vielleicht sogar einen netten Mann kennenzulernen. Ganz abgesehen davon, daß man in einer Stadt, in der sogar in der Zeitung stand, daß Frauen mit kleinen Kindern in der Straßenbahn nichts zu suchen hatten, sowieso keine Kinder haben sollte, machte Klara sich über das Ozonloch ebenso große Sorgen wie darüber, daß sie keine gute Mutter war. Aber das andere war einfach stärker. Sie kam nicht dagegen an. Manchmal hätte sie sich mit bloßen Händen die Eingeweide aus dem Bauch reißen mögen, damit sie endlich Ruhe hätte. Natürlich war all das vergessen, sobald sie wieder schwanger war. Wahrscheinlich war sie einfach süchtig nach den Endorphinen, die ihr Körper dann produzierte – ein Opfer der Hormone, wie gesagt.

Mama drückte energisch ihre Zigarette aus.

Das wird schwierig, sagte sie, ich habe nächsten Monat eine Verhandlung.

Aber Mama!

Jetzt war es an ihr, den Kopf zu senken.

Ich dachte, du hast dieses ärztliche Zeugnis, sagte Klara vorwurfsvoll.

Ich bin doch schon längst in den Wechseljahren, das gilt doch alles nicht mehr.

Klara beugte sich vor und legte eine Hand auf Mamas Arm.

Mach dir keine Sorgen, sagte sie, ich habe Geld. Viel Geld.

Du hast Geld bekommen? Mama runzelte die Stirn und dachte nach. Du meinst, der Kerl hat dir Geld gegeben, damit du abtreiben kannst, und statt dessen behältst du beides, das Geld und das Kind, und kommst damit zu mir?

Ihre Stimme war immer lauter geworden, ihre Geduld mit Klara ging eindeutig zur Neige. Eines der größeren

Kinder öffnete die Küchentüre einen Spalt weit und streckte den Kopf herein, es war keines von Klaras Kindern, die schien es nicht weiter zu interessieren, was hier vor sich ging.

Es muß alles anders werden, sagte Klara mit fester Stimme, wir werden aufs Land ziehen, ich suche mir eine bessere Arbeit, wir können ein Häuschen mieten, du kommst mit uns.

Aufs Land, ganz bestimmt nicht, widersprach Mama, was soll ich denn da?

Es muß sein, sagte Klara, nicht nur aufs Land, sondern am besten gleich ins Ausland, um ehrlich zu sein. Nicht nur du bist in Schwierigkeiten.

In Schwierigkeiten!

Dann klingelte die erste Mutter an der Tür, grau im Gesicht, ausgelaugt von einem langen Arbeitstag und dem Gehetze, dem Gedränge im Supermarkt, schnell noch einkaufen, dann den Kleinen holen, der Tag war ja noch nicht zu Ende, nach Hause, kochen, abwaschen, Fernseher einschalten, es war kein Leben. Die Mütter gaben sich die Klinke in die Hand, bis nur noch Klaras Kinder übrig waren und zwei größere Jungen, die über Nacht blieben, weil ihre Mütter Schicht schoben. Es gab gebratenen Schinken, Spiegeleier und Kartoffelbrei, frischen, nicht aus der Tüte. Klara stach mit der Gabel ins Eigelb, ließ es über den Kartoffelbrei laufen, mischte und schüttete reichlich Streuwürze dazu.

Das war ihr Leibgericht, seit sie ein kleines Mädchen war.

Mama sprach sie nicht ein einziges Mal direkt an, bis die Kinder im Bett waren. Sie wurden alle zusammen gebadet und schliefen auf Matratzen im selben Zimmer. Klara fiel im Augenblick nichts ein, was sich ein Kind noch wünschen könnte, als Kartoffelbrei zum Abendessen und Freunde, die im selben Zimmer schliefen, und Matratzen, auf denen man hopsen konnte.

Mama schenkte sich ein Glas Schnaps ein. Klara bot sie nichts an, wenn sie schon unbedingt schwanger sein wollte, sollte sie gefälligst auch die Nachteile in Kauf nehmen.

Ins Ausland also, sagte Mama. Einfach so.

Es muß sein.

Da war dieser Gast gewesen, der beinahe jeden Abend kurz vorbeikam, ein schöner Mann mit grünen Augen, ein bißchen klein vielleicht, ein bißchen o-beinig, aber das konnte sie ja von der anderen Seite der Theke aus nicht sehen. Er hatte diese tiefen Linien im Gesicht, auf die Klara immer wieder hereinfiel, sie gaben einem Mann so etwas Verwegenes, Abenteuerliches, dabei stammten sie meistens nur von harter, demütigender Arbeit und zuwenig Schlaf.

Er hatte sich in schöner Regelmäßigkeit betrunken, und irgendwann war er nach der Polizeistunde noch sitzen geblieben und hatte ihr alles erzählt.

Seine Frau konnte keine Kinder bekommen. Sie hatte alles versucht und war schon vollkommen verzweifelt. Er wußte nicht mehr, wie er ihr helfen konnte. Ihm lag gar nicht so viel an Kindern, aber er konnte nicht zusehen, wie seine Frau sich verzehrte. Adoption kam auch nicht in Frage, erstens war er zu alt, und zweitens hatte er da ein paar Lücken im Lebenslauf. Er erzählte von den Untersuchungen und den demütigenden Versuchen, immer am selben Tag im Monat ein Kind zu zeugen. Klara war das Herz übergeflossen vor Mitleid. Es war gerade drei Monate her, daß sie Lola abgestillt hatte, und die Hormone begannen schon wieder kräftig an ihrer Willenskraft zu rütteln. Vielleicht wäre das die Lösung aller Probleme: schwanger zu sein, ohne ein Kind zu haben.

Schnell waren sie sich über einen Preis einig geworden. Klara dachte nachher, sie hätte ruhig ein bißchen handeln sollen, der andere konnte ja nicht wissen, wieviel ihr daran lag. Andererseits fand sie die Vorstellung recht verlokkend, sich mit der Empfängnis etwas Zeit zu lassen, einen unregelmäßigen Zyklus vorzutäuschen, Vorwände zu finden, diesen faszinierenden Mann öfter zu treffen. Es war aber alles ganz anders gekommen. Er hatte seinen Samen vorübergehend in einem leeren Yoghurtbecher deponiert, dann hatte er ihn in eine Spritze aufgezogen und ihr ohne weitere Zeremonie zwischen die Beine gejagt.

So hatte sie sich das nicht vorgestellt.

Tut mir leid, hatte er gesagt, aber meine Frau will es so.

Das würde sie doch niemals merken! wandte Klara schmollend ein, aber der Mann wollte seine Frau nicht belügen, so einer war er.

Unter diesen Umständen war Klara doch erleichtert gewesen, als es schon beim ersten Mal geklappt hatte, und von da an war alles wie immer.

Klara war glücklich. Das Leben lag vor ihr wie eine breite, kurvenlose Straße. Der Mann kam nicht mehr ins Lokal, sie hörte, er habe sich scheiden lassen, aber das konnte ja wohl nicht sein. Als sie die ersten Bewegungen spürte, war ihr Verstand längst weggeschwemmt. Sie dachte nicht mehr an diesen Mann, an seine Frau, an das Zuhause, das sie dem Kind bieten konnten. Es war ihr Kind, logisch, es wuchs in ihrem Bauch, drückte auf ihren Magen, wenn sie etwas gegessen hatte, und strampelte nachts schmerzhaft gegen ihre Wirbelsäule.

Sie nahm das Geld und fuhr zu ihrer Mutter.

Und als ihre Mutter hörte, wieviel es war, willigte sie endlich ein. Das war gut so, denn im Gegensatz zu Klara hatte sie Freunde, die wußten, wie man an einen neuen Paß und so weiter kam.

Ungefähr zwei Jahre später stand Klara in der Tür ihres kleinen Ausflugslokals, hielt schützend eine Hand vor die Augen und beobachtete ihre Mutter, die mit den Kindern zum See hinunter gegangen war. Es war einer der ersten wirklich warmen Tage des Jahres. Der See war zum Schwimmen noch viel zu kalt. Nur ein paar größere Kinder wagten sich schon hinein. Jonathan stand mit ein paar Jungen auf dem Schiffssteg, sie feuerten sich gegenseitig an, hineinzuspringen, aber Jonathan hielt sich zurück. Klara lächelte. Mama saß auf einem Klappstuhl unter einem Sonnenschirm und blätterte in einer Illustrierten. Die Kleinen spielten im feinen Sand. Yves, der Jüngste, war jetzt eineinhalb. Sein Haar war ganz blond, an den Spitzen beinahe weiß, nichts erinnerte an seinen Vater. Klara glaubte nicht, daß man ihn wiedererkennen und zurückfordern könnte.

Seufzend wandte sie sich zur Terrasse, wo ein einsamer Wanderer gerade seinen Rucksack auspackte. Er saß mit dem Rücken zu ihr. Klara beschloß, ihn noch nicht gesehen zu haben, eine kleine Pause würde ihr bestimmt guttun. Sie merkte, wie wieder dieses bekannte Gefühl der Leere in ihr aufstieg, sie versuchte dagegen anzukämpfen, vier Kinder waren wirklich genug. Irgendwann mußte es doch aufhören! Sie gab sich einen kleinen Ruck und ging auf den Wanderer zu, der bereits angefangen hatte, seinen mitgebrachten Imbiß zu verzehren. Das war schon in Ordnung, er mußte einfach etwas zu trinken bestellen, und sie würde ihm dann Plastikbesteck bringen. Als er ihre Schritte hörte, drehte er sich um, hielt einen sauber ausgelöffelten Yoghurtbecher hoch und lächelte.

Ich denke, du schuldest mir noch etwas, sagte er. Sie nahm ihm den Becher aus der Hand und warf ihn in hohem Bogen weg.

Du mir auch, sagte sie und setzte sich auf seinen Schoß.

Business Class

Kurz nach ihrem fünfzigsten Geburtstag kam Emma zu Geld. Einer ihrer früheren Arbeitgeber war gestorben und hatte ihr ein kleines Vermögen hinterlassen. Ein ganz kleines nur, aber es kam gerade recht. Sie brauchte sich keine Sorgen mehr zu machen.

Dachte sie.

Als erstes leistete sie sich eine kleine Reise nach Süddeutschland. Mit dem Zug, denn sie war noch nie geflogen und sah nicht ein, warum sie jetzt damit anfangen sollte. Aber sie kaufte sich eine Fahrkarte erster Klasse, buchte ein Zimmer in einem wunderschönen Hotel mit mehr Sternen als Buchstaben im Namen und Opernkarten der teuersten Sorte. Es war eine Art verspätetes Geburtstagsgeschenk. Zum ersten Mal in ihrem Leben konnte sie sich etwas leisten, für sich ganz allein, und sie wollte es genießen.

Es kam alles ganz anders.

Die Welt der ersten Klasse, der Taxis, der schönen Hotels, der Opernhausgarderoben und der Champagnertheken war besetztes Gebiet. Fest in den Händen von Männern in dreiteiligen Anzügen, modischen Krawatten und hellen Regenmänteln. Sie hatte nicht die geringste Chance.

Das begann schon auf der Hinfahrt. Die erste Klasse war voller Geschäftsmänner, die ihre Aktenkoffer wie Waffen einsetzten, zum Schubsen, Drängeln, Rammen und Plätzebelegen. Als sie sich im Speisewagen auf den letzten freien Stuhl setzen wollte, schob sich ein Anzugmann von hinten unter sie, so daß sie beinahe auf seinem Schoß gelandet wäre, was ihr ausgesprochen peinlich war. Daraufhin war ihr der Appetit vergangen, sie verzichtete auf ihr Mittagessen. Als sie ankam, brauchte sie vierzig Minuten, um ein Taxi zu ergattern, nur um dann festzustellen, daß ihr Hotel gleich um die Ecke in einem großen Park lag. Ihr Zimmer ging allerdings nach hinten hinaus auf eine Straße. Als sie ihre Tasche auf das Bett warf, gab es federnd nach.

Sie war nicht einfach eine hilflose ältere Frau, nein. Sie konnte sich durchaus durchsetzen, wenigstens hatte sie das bisher gedacht. Ihr Leben lang hatte sie sich allein durchgeschlagen, hatte als Haushälterin gearbeitet und als Kinderfrau, sie hatte Generationen von rotznasigen reichen Kindern die Hosen strammgezogen. Seit ein paar Jahren fand sie keine Arbeit mehr, sie war in ein billiges Zimmer gleich hinter dem Bahnhof gezogen, an der Straße, an der sich blutjunge drogensüchtige Mädchen anboten. Das Quartier galt als gefährlich, ihre Freundinnen besuchten sie dort nur tagsüber, wenn überhaupt. Trotzdem hatte sie sich noch nie so hilflos gefühlt wie in dem Moment, als ein dicklicher Geschäftsmann mit nassen Haaren sie vom Frühstücksbuffet wegdrängelte und die letzten vier frischen Croissants auf seinen Teller häufte.

Sie ging mit leeren Händen zurück zu ihrem Tisch. Sie brachte nicht mehr die Kraft auf, nach einer zweiten Tasse Kaffee zu verlangen, sie hatte das Gefühl, regelrecht darum kämpfen zu müssen. Daß diese schöne, bunte Welt der Gutbetuchten so anstrengend war, hätte sie nicht gedacht. Schließlich nahm sie ihr Frühstück in einem Schnellimbiß ein, fritierte Apfelküchlein und Milkshake, sie tröstete sich, so gut sie konnte, schließlich gehörte das immer noch zu ihrem Geburtstagsgeschenk. Im Lokal roch es nach altem Öl, aber immerhin ging es hier strikt nach der Reihenfolge, und sie sah keinen einzigen Geschäftsmann.

Mechanisch wischte sie mit der Papierserviette den klebrigen Plastikstuhl ab, bevor sie sich setzte. Sie war nicht die einzige, die sich vor diesen Aktenkoffer-Randalierern fürchtete, das war klar. Die Taxifahrer fielen ihr ein, die mit starrem Blick an ihr vorbeifuhren, um einen Weißmantel aufzuladen, der eine Quittung verlangen und reichlich Trinkgeld geben würde, auf Spesen natürlich. Und die hagere Frau, die an der Garderobe im Opernhaus arbeitete und sie so geflissentlich übersehen hatte, daß es ihr peinlich gewesen war. Wenn ich schon hier stehen und bedienen muß, dann sicher nicht eine wie dich, sagte der Blick der Garderobiere, und unterwürfig hatte sie sich an den nächsten dynamisch drängelnden Herrn gewandt. Dieser hatte eine goldene Krawattennadel in Form eines Tennisschlägers angesteckt, mit einem übergroßen, brillantbesetzten Ball.

Emma verstand die Welt nicht mehr.

Als sie die Rückreise antreten sollte, einen Tag früher als vorgesehen, fühlte sie sich krank. Reiß dich zusammen, schalt sie sich, aber da blieb ein flaues Gefühl. Sie hatte den Abendzug gebucht, weil sie im Speisewagen essen und die Landschaft im Abendlicht vorbeiziehen sehen wollte. Sie hatte nicht daran gedacht, daß der Zug um diese Zeit voll von Geschäftsleuten sein mußte.

Und daß sie am Ende eines Tages nicht nur unverschämt, sondern auch betrunken sein würden.

Emma war nicht auf den Mund gefallen. Sie ließ sich nicht etwa stumm herumschubsen.

Haben Sie keine Mutter, die Ihnen ein Minimum an Manieren beibringen könnte, fuhr sie ein jüngeres Exemplar an, das sie beim Einsteigen überholt und beinahe aus dem Zug geworfen hatte. Doch der ließ sich nicht aufhalten.

Und der Schaffner, bei dem sie sich später beschwerte, weil die Herren mit ihren Koffern und Mänteln und Abendzeitungen sämtliche Sitze belegt hielten, auch den, den sie reserviert hatte, gab ihr deutlich zu verstehen, daß eine wie sie in der ersten Klasse nichts verloren hatte. Emma mußte ihm recht geben. Sie kaufte sich ein Sandwich und eine halbe Flasche Wein mit Schraubverschluß und flüchtete sich in die zweite Klasse. Diese war hoffnungslos überfüllt. Erst im vierten oder fünften Wagen, den sie schwankend durchquert hatte, fand sie einen Platz in einem Sechserabteil, in dem schon fünf sturzbetrunkene Jugendliche mit grellbunten Haaren und klobigen Schuhen saßen. Guten Abend, sagte Emma höflich und setzte sich auf den freien Platz, nachdem sich ein Paar zierlicher Mädchenfüße in Clownsschuhen zurückgezogen hatte. Die Jugendlichen verstummten, wechselten ein paar Blikke und kicherten dann unbeholfen los. Emma lächelte freundlich zurück. Sie biß in ihr Sandwich, trank ihren Wein. Sie saß in einem Nebel von übelkeiterregendem, süßlichem Rauch, der ihrer Meinung nach nicht von normalen Zigaretten stammen konnte. Aber als Zigarrenraucherin konnte sie sich nicht leisten, zu meckern. Zigarrenrauch erregte schließlich auch Übelkeit bei manchen Leuten. Deshalb fragte sie höflich «Stört es Sie?», bevor sie sich eine Havanna anzündete. Daraufhin war es ungefähr zehn Minuten still im Abteil. An der Grenze wurde sie gefragt, ob sie für diese Bande verantwortlich sei, und sie gab in ihrem eisigsten Erzieherinnenton zurück: «Was verstehen Sie unter Bande, junger Mann?», und sie wurden alle in Ruhe gelassen.

Wenig später wurde ihr ein lauwarmes Bier angeboten, das sie dankend annahm. Dann schloß sie die Augen.

Sie mußte etwas tun, das war klar. Aber zum ersten Mal in ihrem Leben fühlte sie sich vollkommen hilflos und ausgeliefert. Die einzige Möglichkeit, diesen Geschäftsleuten beizukommen, war wohl, eine lautere Stimme, einen größeren Aktenkoffer und eine teurere Uhr zu tragen. Einen höheren Rang zu bekleiden. Kurz, ein Mann zu sein. Dann ja! Dann würden sie auf dem Bauch kriechen und Staub fressen wie die biblischen Würmer! Sie dachte kurz an ihren Sohn, einen schüchternen, weltfremden und leicht übergewichtigen Künstler, er würde ihr keine Hilfe sein. Sie war also ganz auf sich gestellt. Es gab nur eine Möglichkeit: sie mußte sich eine Waffe beschaffen. Wie komme ich denn zum Beispiel zu einer Pistole? fragte sie ganz beiläufig und ohne jemand Bestimmtes dabei anzusehen. Die Jugendlichen wechselten unsichere Blicke. Es stellte sich heraus, daß Emma sie ganz falsch eingeschätzt hatte. Es war eine Gruppe von Mittelschülern, die ein Rockkonzert besucht hatten, mit Erlaubnis der Eltern natürlich, und auch nur, weil gerade Schulferien waren. Wie man in den Besitz einer Waffe kam, wußten sie wirklich nicht.

Emma lehnte sich zurück und hielt ein Streichholz an ihre erkaltete Zigarre.

Ich wüßte ja gar nicht, wie man so ein Ding bedient, beruhigte sie die jungen Leute.

Doch kurz bevor sie ausstiegen, beugte sich einer von ihnen zu ihr hinüber und meinte vertraulich, mit einem

Stellmesser könne er eventuell dienen. Sie trafen sich auf der Toilette am Ende des Wagens. Das erinnerte Emma an einige Zugreisen in ihrer Jugend, manche Väter der Kinder, die sie erzogen hatte, verabredeten sich mit ihr in der Toilette, allerdings ging es dabei nicht um Waffen. Heutzutage schien niemand mehr auf solche Ideen zu kommen, wahrscheinlich lag es einfach daran, daß die Toiletten früher sauberer gewesen waren. Und geräumiger.

Sie bekam also das Stellmesser, ein interessantes Modell, schlank und leicht, es paßte genau in ihre Faust, und wenn sie auf den Knopf drückte, schnappte eine spiegelblanke, rasiermesserscharfe Klinge heraus.

Sie schob das Messer in ihre Jackentasche und hatte es bald ganz vergessen. Das Leben, das sie führte, bot wenig Berührungspunkte mit den Geschäftsleuten. Die Läden, in denen sie einkaufte, zum Beispiel, wurden von knopfäugigen Matronen beherrscht, die einen Drängler wahrscheinlich kurzerhand ohrfeigen würden. Manchmal kam ihr alles wie ein schlechter Traum vor, und sie fragte sich beschämt, ob sie nicht etwa langsam alt würde, daß sie sich über ein paar schlecht erzogene Rüpel derart empören konnte.

Doch eines Tages hatte sie die unselige Idee, mit dem Geld, das sie noch hatte, eine Freundin aus dem Viertel zum Essen einzuladen, in ein richtig teures Feinschmeckerlokal, kein Vergleich mit den Kneipen, in denen sie sonst verkehrte.

Als sie anrief, um einen Tisch zu reservieren, fragte die Frau nach dem Firmennamen. Sie hielt sie offenbar für eine Sekretärin. Der Tisch sei für sie selber, sagte Emma ebenso tapfer wie unüberlegt, sie komme gegen halb eins.

Um halb eins war das Restaurant voll. Zehn Minuten

oder länger standen sie am Eingang herum, bis sich endlich ein Kellner erbarmte und sie zu einer Art Ablagefläche neben der Küchentür führte. Das war ihr Tisch. Nachdem sie ungefähr zwanzig Minuten auf die Speisekarte gewartet hatten, wurde Emma nervös. Das Schlimmste war, daß sie ihrer Wut nicht Luft machen konnte, schließlich hatte sie ihre Freundin eingeladen, sie wollte ihr nicht das Essen verderben. Die war nicht so kompliziert, stand auf, strich ihren Rock glatt und sagte ziemlich laut: Findest du nicht, daß es im Schwarzen Egg netter ist?

Im Gehen legte Emma einen Arm um ihre Schultern. Sie lächelte. Es war ja alles gar nicht so schwierig. Als sie an der Garderobe vorbeikamen, wo die eierschalenfarbenen Regenmäntel ordentlich nebeneinanderhingen, faßte sie in ihre Tasche, zog das Messer heraus, ließ es aufschnappen und schlitzte die ganze Reihe auf. Futterseide blitzte, Ärmelfetzen fielen zu Boden, aber niemand bemerkte etwas, nicht einmal ihre Freundin, es war alles so schnell gegangen, daß Emma nicht einmal den Arm von ihrer Schulter genommen hatte.

Im Schwarzen Egg bestellten sie Cordon bleu mit Pommes frites und eine Flasche Wein. Auch hier saßen laute und betrunkene Männer an den Tischen, aber das hinderte den Kellner wenigstens nicht daran, sie zu bedienen, außerdem trugen sie keine weißen Mäntel.

Emmas Arm kribbelte noch lange in eigenartiger körperlicher Befriedigung, vor allem, wenn sie sich die Gesichter der Herren vorstellte, die in ihre Mäntel schlüpfen wollten und feststellen mußten, daß die Ärmel fehlten.

Emma vermied weitere Ausflüge in die Welt der Kreditkartenträger. Schließlich und endlich konnte sie ihr

Geld auch anders loswerden. Das Messer aber trug sie immer bei sich. Helle Regenmäntel konnten einem schließlich überall begegnen, sogar in der Straßenbahn. Das Gefühl beim Aufschlitzen des glatten, teuren Stoffes ließ sich mit nichts vergleichen.

Vor allem, wenn noch einer drinsteckte und sein Blut langsam den Stoff durchtränkte.

Eine andere Frau

Er küßte sie. Sie wandte sich ab.

Was hast du denn? fragte er.

Was sollte sie sagen? Deine Frau hat angerufen, sie will mich sehen?

Nichts, sagte sie, gar nichts.

Elisa schloß die Augen, und als das nicht half, preßte sie ihren Kopf fest ins Kissen.

Später sagte sie: Ich muß jetzt gehen. Leider, fügte sie schnell hinzu, als sie sein Gesicht sah.

Wie spät ist es denn? Er stand auf und zog seine Hose hoch, über die nackte Haut. Schon halb fünf, verdammt, ich muß los, ich habe . . .

. . . meiner Frau versprochen, auf die Kinder aufzupassen.

Sie würde sie ja wohl nicht mitbringen zu dem Treffen mit der anderen Frau. Oder? Ihre Mutter hatte sie damals mitgenommen, sie und ihre zwei Brüder, absichtlich ungewaschen, abgerissen und rotzverschmiert. Doch das hatte die andere nicht übermäßig beeindruckt, sie hatte sie nur verächtlich gemustert, und ihr Vater war am nächsten Tag schon ausgezogen. Ihre Mutter hatte sich ganz einfach verkalkuliert. Elisa konnte bis heute nicht vergessen, wie die Frau sie damals angeschaut hatte. Schon deshalb wäre es ihr nie in den Sinn gekommen, sich mit einem verheirateten Mann einzulassen.

Aber woher hätte sie es denn wissen sollen, bitte schön?

Am Ende des Sommers hatte sie mit ein paar Freundinnen ein Open-air-Konzert besucht. Es war ein trauriger Sommer gewesen, für Elisa wenigstens. Sie fühlte sich fremd unter all den braungebrannten, sorglosen, betrunkenen Menschen. Sie schwitzte in ihrem langärmligen T-Shirt, sie langweilte sich, sie schien als einzige allein zu sein. Ihre Freundinnen hatten sie auf sämtliche gutaussehenden Männer aufmerksam gemacht. Es war ihr schon etwas peinlich gewesen. Aber sie hatten ganz recht, sie brauchte Ablenkung. Sie brauchte einen Grund, um morgens aufzustehen. Edy hatte mit seiner Band im Vorprogramm gespielt. Später hatte sie ihn an der Bar stehen sehen, auf seinen zentimeterdicken Gummisohlen schwankend, die großen, dunkel nachgezogenen Augen unverwandt auf sie gerichtet. Zarte Locken krochen unter seiner Schirmmütze hervor, und er war ebenso blaß wie sie.

Verdammt noch mal, wie hätte sie ahnen sollen, daß dieser rührende, viel zu dünne Junge verheiratet und Vater von zwei Kindern war?

Es sind Zwillinge, sagte Aline und legte ein Photo auf den klebrigen Kaffeehaustisch, zwei Mädchen, gerade ein halbes Jahr alt.

Aline war genauso kräftig und rosig wie Elisa blaß. Elisa konnte sich nicht vorstellen, wie eine so bodenständige Frau einsam und verzweifelt sein konnte, aber es mußte wohl so sein, sonst wäre sie nicht hier.

Elisa betrachtete die beiden kugelrunden, glatzköpfigen Babygesichter. Niedlich, sagte sie, obwohl sie, ehrlich gesagt, diese beiden nicht von anderen Babies unterscheiden könnte. Sie verlangte vom Kellner eine Schachtel Zigaretten. Sie hatte gerade wieder angefangen zu rauchen.

Ich auch, sagte Aline und nahm sich eine.

Dann zeigte sie auf das Bild.

Natürlich hat er dir kein Wort davon gesagt, stellte sie fest.

Sie hatten kaum miteinander geredet an diesem Abend. Belanglosigkeiten. Magst du ein Bier? Ja, danke. Er hatte das Bier für sie geholt, dann hatte er sie am Ellbogen gefaßt und sicher und schnell durch die Menge geführt, bis zu dem schmalen, steinigen Weg am Seeufer. Sie hatte das für Ungeduld gehalten, Leidenschaft, genau das, was sie brauchte.

Natürlich wollte er nur vermeiden, daß jemand Zeit hatte, ihn zu begrüßen und nach den Kindern zu fragen.

Elisa legte eine Hand über die Augen.

Ein halbes Jahr alt, hast du gesagt.

Seit gestern, um genau zu sein. Deshalb habe ich dich ja angerufen. Es war einfach . . .

Elisa rechnete zurück. Es sah ganz so aus, als hätte sie sich mit Edy auf den Kieselsteinen am Seeufer gewälzt, während Aline sich im Krankenhaus von der Entbindung erholte.

Und das mußte ausgerechnet ihr passieren.

Das ist doch wohl eher mein Text, korrigierte Aline mit gerunzelter Stirn.

Das verstehst du nicht.

Nein.

Aline sah auch gar nicht ein, warum sie Elisa verstehen sollte.

Daraufhin wollte Elisa nichts mehr mit Edy zu tun haben. Als sie es ihm sagte, begann er zu weinen, und da sie noch nie einen Mann weinen gesehen hatte, legte sie ihre Arme um ihn, wie sie das mit einer Freundin auch tun würde. Doch Edy reagierte ganz anders als ihre Freundinnen, und so blieb alles beim alten.

Sie hätte Aline beinahe nicht erkannt, als sie sie einige Wochen später wieder traf. Zufällig. Sie war ins Kino gegangen, allein, weil Edy im letzten Moment abgesagt hatte. In der Pause drängelte sie sich am Kiosk um ein Eis. Sie fühlte einen Blick von der Seite, bohrend, sie drehte sich um, grüßte freundlich ein vage bekanntes Gesicht. Erst dann fiel ihr wieder ein, woher sie Aline kannte. Sie wurde rot. Aber Aline schien sich zu freuen. Sie drängte sich zu ihr durch. Selbstbewußt hob sie die Stimme, verlangte zwei Eis, Vanille und Schokolade, und ohne Elisa zu fragen, reichte sie ihr das richtige, Vanille. Sie setzten sich auf ein Mäuerchen und ließen die Beine baumeln. Aline war klar, daß Elisa nur deswegen allein im Kino war, weil Edy die Kinder hütete.

Irgendwie bin ich dir fast dankbar, sagte sie.

Das mochte Elisa nicht glauben.

Ich habe mich viel zu lange auf Edy verlassen, irgendwann mußte einfach Schluß sein damit.

Jahrelang, beantwortete sie Elisas Frage, noch bevor sie sie gestellt hatte. Sie winkte mit der Hand ab. Jahre-jahre-jahrelang!

Dann war die Pause vorbei. Aline kritzelte ihre Telefonnummer auf Elisas Zigarettenschachtel. Edy hatte immer gesagt, er habe leider, leider noch keinen Anschluß, aber sie konnte ihn im Übungsraum erreichen. Immer am Montag und am Donnerstag.

Hör mal, sagte Edy, wir können uns leider nicht sehen. Diese Woche üben wir ausnahmsweise am Mittwoch. Schon um fünf Uhr.

Das macht doch nichts.

Am Mittwoch hatte Elisa auch keine Zeit. Sie traf sich um fünf mit einer Freundin.

Sie sprachen eigentlich kaum mehr über Edy.

Und eines Abends passierte es dann endlich.

Edy wußte es gleich, als er das leise Zupfen am Ärmel fühlte, und er war beinahe erleichtert. Eine alte Bekannte. Edy, was für ein Zufall, rief sie, küßte ihn auf beide Wangen und fragte nach den Mädchen. Edy legte Fotos auf die Theke und tat, als stünde Elisa nur zufällig neben ihm. Als die Frau gegangen war, bestellte er einen dreifachen Wodka und stürzte ihn theatralisch hinunter. Dann stürmte er aus dem Lokal und überließ es Elisa, ihm verwirrt zu folgen. Was sie auch tat. Sie kannte schließlich ihre Rolle.

Edy, was hat das alles zu bedeuten?

Sie kletterten in seinen VW-Bus. Edy jammerte und klagte, raufte sich die Haare und riß an seinem karierten Flanellhemd. Er ließ den Motor anspringen und drohte, mit Elisa geradewegs in die nächste Mauer zu donnern, da er sie nicht verlieren wollte. Er warf in seiner Verzweiflung sogar seine Schirmmütze aus dem Fenster, nur um gleich darauf aus dem Wagen zu steigen, sie aufzuheben und sorgfältig abzuklopfen. Dann, als ihm nichts mehr einfiel, brach er in Tränen aus. Diesmal beeindruckte sie das schon weniger. Trotzdem drückte sie ihn fest an sich, sein feuchtes Gesicht zwischen ihren Brüsten.

Edy war froh. Ein furchtbarer Druck war von ihm gewichen. Nun, da er Elisa die Wahrheit gesagt und sie ihm verziehen hatte, konnte ihm niemand mehr einen Vorwurf machen. Als er nach Haus kam, schlief Aline schon. Schade. Denn hätte sie ihn in diesem Moment gefragt, wo er gewesen sei, er hätte es ihr gesagt. Ganz ehrlich. Denn es lebte sich so viel einfacher mit der Wahrheit.

Nun gut, dachte Edy, als er leise neben Aline ins Bett schlüpfte, eines Tages wird sie ja wohl fragen. Er versuchte sich vorzustellen, wie sie reagieren würde. Zuerst würde sie wütend werden, ihn vielleicht sogar ins Gesicht schlagen, er kannte sie gut. Sie würde weinen. Aber dann würde sie sich beruhigen. Sie würde ihn verstehen. Sie würde ohne weiteres zugeben, daß sie nicht ganz unschuldig war. Seit der Geburt der Mädchen hatte sie sich kaum noch um ihn gekümmert. Vielleicht würden sie sich sogar wieder näherkommen. Vielleicht würde sie Elisa sogar kennenlernen wollen. Edy konnte sich das durchaus vorstellen. So war Aline: direkt und praktisch. Sie wollte den Dingen auf den Grund gehen. Sie würden sich also kennenlernen und gut verstehen, bestimmt würden sie sich gut verstehen nach dem ersten Schrecken, und dann könnten sie alle miteinander in Liebe und Frieden leben ... Und kurz bevor er einschlief, wurde ihm klar, was er schon lange geahnt hatte: Er konnte ja eigentlich gar nichts dafür.

Elisa, sagte Edy, ich glaube, meine Frau betrügt mich.

Sein Gesicht war ernst.

Armer Schatz, ich habe dich die ganze Zeit belogen. Wir üben nämlich gar nicht am Mittwoch, da hüte ich die Kinder und meine Frau geht weg. Jeden Mittwoch um fünf.

Er legte seinen Kopf in ihren Schoß und sah treuherzig zu ihr auf.

Ich bin so froh, daß ich nicht mehr lügen muß. Endlich sind wir uns ganz nah ...

Elisa schob ihn sanft von sich.

Und, was ist mit diesen Mittwochabenden?

Das weiß ich eben nicht! Sie hat mir gesagt, sie geht ins

Aerobic und nachher was trinken. Sie sagt, sie muß ihre Figur wieder hinkriegen wie früher, habe ich ja gar nichts dagegen.

Na und?

Ja, also, ehrlich gesagt, nach vierzehn Aerobiclektionen sollte doch irgendwas zu sehen sein, glaubst du nicht auch?

Plötzlich war ihre Hand in seinem Gesicht.

Er faßte an seine Nase, er sah, daß seine Finger voller Blut waren, er war fassungslos. Elisa hatte ihn geschlagen. Das paßte überhaupt nicht zu ihr. Doch dann verstand er und lächelte gerührt.

Liebste, du bist eifersüchtig! Aber du weißt doch, daß Aline und ich schon lange nicht mehr . . .

Elisa sah weg.

Was findest du eigentlich an ihm? hatte Aline schon zweimal gefragt.

Und du?

Von da an wurde alles anders. Elisa begann sich von Edy zu verabschieden. Von seiner weißen Haut, seinen flügelartigen Schulterblättern, seiner rötlichen Körperbehaarung, seinen gewölbten Augenlidern. Dann begann sie, am Telefon nach Ausreden zu suchen und ihre Treffen in letzter Minute abzusagen. Er insistierte nicht wirklich. Er schien sich jetzt wieder mehr für Aline zu interessieren. Für die Mädchen. Aline erzählte, er wolle eine Beziehung zu ihnen aufbauen und deshalb zwei Tage in der Woche allein für sie zuständig sein.

Und, was hast du gesagt?

Das trifft sich gut, denn wenn ich eine eigene Wohnung gefunden habe, müssen wir sowieso zu einer Regelung kommen.

Aline fand keine Wohnung. Nicht allein und ohne Beruf und mit Zwillingen im Quengelalter.

Also das Arbeitszimmer benutze ich eigentlich kaum, sagte Elisa.

Elisa, Liebste, ich habe dich so vermißt.

Elisa lächelte unergründlich. Sie standen eng aneinandergedrängt in einer Bar und tranken Wodka. Elisas Fingerspitzen brannten. Sie mußte ihn berühren, sie mußte einfach, seine Augenbrauen, seine Lippen. Edy hielt ihre Hände fest und küßte sie.

Ich habe diese Trennung gebraucht, um mir darüber klar zu werden, daß du es bist, die ich liebe, sagte er ganz ernst.

Das freut mich, sagte Elisa. Sie küßten sich.

Gehen wir zu dir, flüsterte sie.

Lieber zu dir.

Gut, daß du kommst, sagte Aline, die im Flur stand und mit einem Arm ihren Jackenärmel suchte. Die Mädchen sind im Bett, wenn sie aufwachen, gibst du ihnen ein bißchen Tee. Ich geh dann, ich bin gegen elf zurück.

Du mußt dich nicht beeilen, wir wollten sowieso zu Hause bleiben. Nicht wahr, Edy?

Edy?

Die Einladung

Ich hielt die Zigarette zwischen die Lippen geklemmt, kniff ein Auge zu und hob die beiden Einkaufstaschen auf den Küchentisch. Es war erst kurz nach fünf. Reto würde nicht vor halb acht da sein. Ich hatte also Zeit.

Kein Grund zur Aufregung, sagte ich mir – aber das sagt sich so leicht.

Ich packte die Taschen aus. Ich hatte ein Huhn gekauft. Es geht nichts über ein anständiges Huhn, sagte meine Mutter immer, mit einem Huhn kann man alles machen.

Hoffentlich stimmte das auch. Ich konnte nämlich nicht kochen.

Im allgemeinen ernähre ich mich von Fertiggerichten. Pizza, Lasagne, Schlemmerfilets, egal. Nur überbacken muß es sein. Vor diesen Fleisch-Nudeln-Gemüse-Mahlzeiten, die man mitsamt dem dreigeteilten Plastikteller im Wasserbad erwärmen muß, graut mir. Hingegen liebe ich das immer gleiche, leicht versalzene Béchamelsaucen-Imitat und die labbrige, schwitzende Käsekruste. Hin und wieder streue ich selber noch zusätzlich Reibkäse auf die weißliche Masse. Aber weiter reichen meine Kochkenntnisse nicht. Ich befreite das Huhn von seinen Plastikhüllen und legte es in eine flache Schüssel. Mit einem Huhn kannst du alles machen.

Na schön, aber was?

Ein bißchen Asche fiel auf das nackte, weiße Hühnerfleisch. Ich drückte die Zigarette in der kalten, zähen Haut aus.

Meine Freundin Bettina streckte ihren Kopf durch die Küchentür.

Was hast du vor, fragte sie, willst du jemanden vergiften?

Sie lachte. Eine hellblonde Locke fiel über ihre Stirn.

Ich zuckte mit den Schultern.

Bettina kam in die Küche. Mit einem Blick erfaßte sie das traurige Huhn, den übervollen Aschenbecher, das leichte Zittern meiner Hände. Sie legte einen Arm um meine Schultern und zwang mich mit sanfter Gewalt auf einen Stuhl. Also, was ist los? fragte sie.

Seufzend atmete ich aus.

Ich habe Reto zum Essen eingeladen, sagte ich.

Reto! Bettina entfernte den Zigarettenstummel aus dem Hühnerfleisch und rieb mit dem Daumen über die geschwärzte, runde Stelle.

Es stört dich doch nicht, oder? fragte ich ein wenig schüchtern. Ich wußte, daß sie und Reto . . . aber das war lange her.

Bettina ließ mit einem Finger den Gummifaden schnappen, der die Hühnerbeine zusammenhielt. Das mußt du selber wissen, sagte sie unergründlich.

Es ist nicht, was du denkst, sagte ich lahm, nicht mehr.

Sie hob spöttisch die Augenbrauen, ihre Augenbrauen waren dunkel und geschwungen und klar gezeichnet wie Flügelspitzen. Sie paßten weder in ihr sanftes, blasses Gesicht noch zu ihren weichen, hellblonden Locken. Die Augenbrauen paßten zu ihrer eigensinnigen, schwarzgefärbten Seele.

Ich räusperte mich.

Bettina, sagte ich, was war denn eigentlich zwischen euch?

Sie winkte mit der Hand ab.

Alte Geschichten, sagte sie, vergiß es.

Ich möchte es aber wissen.

Sie antwortete nicht gleich. Ihr Stuhl kippte nach hinten, sie streckte einen Arm aus und öffnete den Kühlschrank. Sie griff sich ein Glas Silberzwiebeln und eine Tube Mayonnaise extrascharf, schubste die Kühlschranktür zu, kippte noch weiter nach hinten und angelte sich eine angefangene Packung dreieckiger Cracker. Das alles mit einer Hand und ohne hinzusehen.

Bettina begann zu essen. Langsam und konzentriert. Ein Cracker, ein Tupfer Mayonnaise, eine Silberzwiebel. Prüfender Blick, in den Mund damit, regelmäßig kauen. Wir wohnten seit einem halben Jahr zusammen, aber ich hatte Bettina noch nie eine vollständige Mahlzeit zu sich nehmen, geschweige denn einen Teller benutzen sehen. Sie schnippelte, bröckelte und naschte. Salzmandeln mit Mangochutney, Schokoladestückchen auf Brotrinde, Kuchenkruste mit Frischkäse, Essiggurken mit Schinkenfetzen. Gierig schnappte ihr breiter Mund nach diesen Häppchen. Dabei blieben ihre Hüften schmal und ihre Haut rein, und natürlich wurde ihr auch nie schlecht davon. Mit vollem Mund holte sie noch einen Rest Appenzellerkäse aus dem Kühlschrank, den sie in winzige Würfel zerteilte. Käse, Mayonnaise, Silberzwiebel, Cracker, Mayonnaise, Käse.

Ich möchte es aber wissen, wiederholte ich.

Sie blickte auf und in meine fasziniert starrenden Augen. Sie leckte sich die Finger ab. Ihre Lippen glänzten.

Ach, Reto, sagte sie. Reto. Was soll ich dir erzählen? Hauptsache, du bist glücklich mit ihm.

Das war ich nun eben nicht.

Ich schluckte, als ich daran dachte, was es mich gekostet hatte, ihn zu dieser letzten Aussprache zu bewegen. Ich hatte ihn buchstäblich anflehen müssen, mir diesen einen einzigen halben Abend noch zu schenken.

Um zehn muß ich aber gehen, hatte er klargestellt, spätestens um halb elf.

Ich stand auf, nahm die Flasche Gewürztraminer aus dem Kühlschrank, die ich eigentlich für den Aperitif vorgesehen hatte, und versuchte, sie zu öffnen. Meine Augen brannten. Ich beugte mich tiefer über den Korkenzieher. Bettina teilte mit einer Hand den Haarvorhang vor meinem Gesicht und sah mich von unten herauf an.

Himmelherrgott! sagte sie leise, gib schon her.

Sie riß mir die Flasche aus der Hand und bohrte die Spitze des Korkenziehers mit wenigen, kräftigen Umdrehungen in den Korken, als sei er ein menschliches Herz. Ein männliches Herz, Retos Herz. Himmelherrgott, stieß sie noch einmal hervor, jetzt sag aber nicht, daß du wegen diesem . . . diesem . . . diesem . . .

Doch!

Sie zog den Korken mit einem Knall heraus und stellte die Flasche so hart auf den Tisch, daß der Wein überschwappte.

Ich stand auf und drehte mich um. Umständlich suchte ich zwei saubere Gläser im Schrank. Meine Schultern zitterten. Ich schämte mich. Da stand ich und heulte. Wegen irgendeinem Reto.

Schniefend stellte ich die Gläser auf den Tisch. Bettina räumte die Überreste ihrer Vogelmahlzeit weg. Ich erinnerte mich, wie blaß Reto geworden war, als er sie das erste Mal bei mir gesehen hatte.

Warum hast du mir nicht gesagt, daß du mit jemandem zusammenwohnst? hatte er mich angefahren.

Dann war ihm ganz plötzlich eingefallen, daß er etwas Wichtiges zu Hause vergessen hatte. Etwas, das er am nächsten Morgen unbedingt brauchte. Er hatte sich auf seine Vespa geschwungen und war mit knatterndem Motor in der milden Nachtluft verschwunden. Seither hatte ich ihn kaum mehr gesehen.

Tu mir den Gefallen und bleib heute abend da, bat ich meine Freundin.

Bettina dachte nach. Sie legte den Kopf in den Nacken und schloß die Augen. Ihre Haare fielen tief über die Rückenlehne des Stuhles. Als sie sich endlich wieder aufrichtete, war ihr Gesicht leicht gerötet, und ihre Augen hatten einen gefährlichen Glanz.

Gut, sagte sie, gut, ganz wie du willst. Aber dann laß mich dir wenigstens beim Kochen helfen.

Kurz vor halb acht war alles bereit. Der Tisch war für zwei Personen gedeckt. Während der Vorspeise, Avocado mit Crevetten und dem Rest des Gewürztraminers, würde ich versuchen, mit Reto zu reden. Ich wollte ihm noch eine Chance geben, und sei es nur wegen dem verschwommenen Blick seiner grauen Augen, der mich so oft und so gründlich aus der Fassung gebracht hatte. Dann würde ich den Hauptgang auftragen, und Bettina würde wie zufällig dazukommen. Pünktlich um halb acht klingelte es an der Tür. Ich öffnete. Er lächelte und hielt mir eine Flasche Rioja entgegen, an der noch das Preisschild klebte. Sechs Franken fünfundsiebzig.

Das wäre aber nicht nötig gewesen, flüsterte ich und bat

ihn herein. Er zuckte zusammen, als er den feierlich gedeckten Tisch sah. Ich hatte nicht an Kerzen und frischen Blumen gespart. Schließlich wollte ich es ihm nicht allzu leicht machen. Du hättest dir nicht soviel Mühe machen sollen . . . Er wirkte verlegen und unbestimmt schuldbewußt.

Oh, das war keine Mühe! Ich lächelte sanft.

Er setzte sich, faltete seine Serviette auseinander und legte sie wie einen Strahlenschutz auf seinen Schoß. Dann rückte er die Kerzenständer zur Seite und beugte sich vor. Seine Augen blickten streng.

Meine Liebe, du bist dir doch bewußt, daß du mich mit diesem ganzen Aufwand nicht erpressen kannst? Ich meine, ich freue mich natürlich über deine Einladung, aber das ändert nichts zwischen uns.

Darauf wußte ich nichts zu sagen. Ich beobachtete, wie er mißtrauisch an der Sauce schnüffelte und die Crevetten mit der Gabel aussortierte. Das ärgerte mich. Nun gut, die Crevetten waren vielleicht nicht ganz aufgetaut, und die Sauce bestand aus Resten von Grillmix-, Cocktail- und fettfreier Salatsauce, aus nicht mehr ganz sauberen Flaschen zusammengerührt. Aber wer war er denn, daß er glaubte, er könne sich erlauben, derart mäkelig zu sein?

Beinahe grob nahm ich ihm den Teller weg und trug ihn in die Küche.

Warte erst, bis du den Hauptgang probiert hast, dachte ich. Ich nahm die Schüssel aus dem Ofen, wo ich sie warmgestellt hatte, und stellte sie auf den Tisch.

Poulet à la mode des femmes offensées, verkündete ich stolz.

Er seufzte beeindruckt. Französisch verstand er offenbar nicht.

Nach gekränkter Frauenart hatten wir das Huhn folgendermaßen zubereitet: Zuerst hatten wir es mit Enthaarungsschaum eingerieben und eine Stunde auf dem Balkon in der Abendsonne ziehen lassen. Dann hatten wir es sorgfältig zerlegt, halbherzig gekocht und den Sud mit allen möglichen Zutaten aus unserem Medikamentenschrank gewürzt. Zerdrückte Abführtabletten, Aknesalbe, Valium und Schlafmittel. Um den etwas säuerlichen Geruch und die unappetitliche Farbe zu kaschieren, hatten wir nach kurzem Zögern noch eine große Büchse Ananasstückchen dazugegeben und dann großzügig mit Curry abgeschmeckt.

Ich häufte seinen Teller voll.

Reto, sagte ich, wir müssen miteinander reden.

Nicht, daß mir jetzt noch viel daran gelegen wäre. Aber ich wußte doch, wie sehr er den Moment gefürchtet hatte. Nichts haßte er so sehr wie dieses Reto, wir müssen miteinander reden. Und das wollte ich ihm im letzten Moment nicht noch ersparen.

Er stocherte in seinem Curryhuhn und bemühte sich, meinem Blick auszuweichen. Er wand sich. Magst du es etwa nicht, schmollte ich, du hast doch gesagt, du magst Curry. Doch, doch, er lächelte tapfer, es ist köstlich.

Und ohne die Gabel abzusetzen, aß er den ganzen Teller leer. Dann schob er ihn weit von sich.

Hör zu, sagte er, ich muß dir etwas sagen . . .

In diesem Moment ging die Türe auf, und Bettina kam herein.

Hallo, hallo, sagte sie fröhlich, ich sterbe vor Hunger! Was für ein Tag!

Sie rückte einen Stuhl an den Tisch und begann, mit den Fingern Pouletstückchen aus dem Topf zu fischen. Dazu erzählte sie eine langatmige Geschichte über eine Nachbarin, die sie im Treppenhaus getroffen hatte und der ein Nachthemd von der Wäscheleine gestohlen worden war. Wie gebannt starrte ich auf ihren schönen, breiten Mund, der gierig nach den Fleischstückchen schnappte, fettig glänzte, sich beim Kauen bewegte und beim Reden öffnete.

Mir wurde übel. Ich stand auf, mein Stuhl kippte nach hinten.

Es tut mir leid, sagte ich, aber ich fühle mich nicht gut. Ich muß ins Bett.

Du hast recht, sagte Reto, der unterdessen selber ganz blaß geworden war, ich fühle mich auch nicht besonders.

Bettina bestellte ihm ein Taxi.

Als er gegangen war, kam sie in mein Zimmer, setzte sich auf den Bettrand und hielt meine Hand. Du hast doch hoffentlich nicht zuviel davon erwischt, fragte sie besorgt.

Ich hielt die Luft an. Ich konnte nicht antworten. Ich preßte die Kiefer aufeinander und würgte an meinem Speichel. Bettina strich mir die feuchten Haare aus der Stirn.

Ich selber kann ja zum Glück alles essen, grinste sie, aber das weißt du ja.

Tatsächlich wurden wir beide nicht sehr krank. Zehn Tage später, an Retos Beerdigung, ging es uns schon wieder blendend.

Die Hochzeitsreise

Du bist mir so gar kein Echo heute, sagte der Mann am Nebentisch zu seiner Frau. Das gab den Ausschlag.

Barbara schob das klebrige Yoghurtschüsselchen von sich weg an den Tischrand. Ich glaube, ich komme heute nicht mit, sagte sie. Mein Fuß tut mir immer noch ein bißchen weh, und ich möchte nicht ...

Beat nickte.

Du hast wahrscheinlich recht, antwortete er mit vollem Mund, die Route ist heute ziemlich schwierig, es ist sicher besser, wenn du ...

Genau, sagte Barbara.

Der Mann am Nebentisch hielt sich ein Buch vor das Gesicht, wahrscheinlich, ohne darin zu lesen, während seine Frau leise darüber weinte, daß sie ihm kein Echo sein konnte. Barbara hielt es keinen Augenblick länger aus. Sie stand auf und flüchtete sich in das kleine Holzhäuschen am anderen Ende des Hofes, wo sich die Toilette befand. Sie schloß die Türe hinter sich und atmete flach durch den Mund.

Es war erst der vierte Tag. Die Hochzeitsreise sollte einen ganzen Monat dauern.

Sie zog die Spülung und trat in das helle Sonnenlicht hinaus. Beat hatte sein Frühstück beendet, er stand auf und kam ihr entgegen. Sie hielt sich eine Hand über die Augen und beobachtete ihn genau. Er trug ein verwaschenes Hemd mit aufgerollten Ärmeln, kurze Hosen, handgestrickte Wandersocken und blaue Plastiksandalen. Mit den Sandalen ging er morgens auch unter die Dusche, aus hygienischen Gründen, wie er sagte. Seine Beine waren kurz und kräftig und behaart. An seinem alten Pfadfindergürtel hingen alle möglichen nützlichen Dinge, Taschenmesser, Lampe, Karabinerhaken. Er sah aus wie immer. Kein bißchen verändert. Nur der Ring, der noch allzu neu an seiner breiten, braunen Hand glänzte. Aber das würde ihr bald schon nicht mehr auffallen.

Er kam um den Tisch herum auf sie zu, legte einen schweren Arm auf ihre Schulter, küßte die zornpochende Ader an ihrer Schläfe.

Bist du sicher, daß es dir nichts ausmacht?

Aber überhaupt nicht.

Dann geh ich jetzt, sagte er. Ich möchte gegen sechs zurück sein.

Ich glaube, ich lege mich ein bißchen an den Strand.

Tu das, antwortete er zerstreut, während er den Inhalt seines Rucksackes ein letztes Mal überprüfte.

Barbara breitete eine Strohmatte über die runden Kiesel, legte ihr Badetuch darauf, befestigte es mit ein paar Steinen, dann zog sie sich aus, rieb sich mit Sonnencreme ein und legte sich auf den Rücken, einen Arm über die Augen gelegt. Die Steine waren hart und glühend heiß.

Nach einer Minute oder zwei setzte sie sich wieder auf. Sie hatte sich alles ganz anders vorgestellt.

An eben diesem Strand an der Südküste von Kreta hatten sie sich zum ersten Mal geküßt, das war elf Jahre her. Es war unvermeidbar gewesen: Sie waren die einzigen Teilnehmer der Wandergruppe unter fünfzig. Im folgenden Jahr waren sie zurückgekommen, ohne Gruppe, nur sie beide, und dann jedes Jahr wieder, drei bis vier Wochen, jedes Frühjahr. Unterdessen kannten sie jeden Stein und jede Wurzel im Südwesten der Insel und brauchten für die Touren nur noch halb so lange wie im Reiseführer angegeben. In den ersten Jahren waren sie nicht sehr viel gewandert. Tage und Nächte und wieder Tage hatten sie in ihrem Zelt verbracht, sie schliefen in einem Schlafsack, weil sie es nicht ertragen konnten, daß doppelte Daunenschichten ihre Körper trennten. Doch das Wandern hatte immer mehr an Bedeutung gewonnen. In dem Jahr, als Beat zum Lehrer gewählt wurde, hatte es tagelang sintflutartig geregnet, sie hatten das Zelt abgebrochen und ein Zimmer genommen. Als der Regen endlich aufhörte, waren sie geblieben, seither nahmen sie immer Zimmer. Die Doppelzimmer hatten alle getrennte Betten, aber unterdessen fanden sie nichts mehr dabei, Schichten von Leintüchern und Wolldecken zwischen sich zu wissen. Schließlich hatten sie zu Hause nicht nur getrennte Betten, sondern sogar getrennte Zimmer. Die ganze Wohnung und ein endloser Flur lagen zwischen ihnen.

Seit elf Jahren kannten sie sich, und seit sieben Jahren wohnten sie zusammen. Es hatte sich also nichts geändert. Außer den Namen. So hatte es angefangen: Sie hatte Beat aus der Zeitung vorgelesen, daß nach neuem Eherecht ein Mann den Namen seiner Frau annehmen konnte. Das ist die Gelegenheit, hatte er gesagt, er haßte seinen Namen, das wußte sie natürlich. (Er hieß Beat Bäcker, eine unglückliche Kombination, unmöglich auszusprechen, meistens kam Bä-at Bäcker dabei heraus.) Laß uns heiraten, hatte er gesagt, genau, wie sie gedacht hatte, und sie sagte natürlich ja. Sie glaubte bis zum letzten Tag nicht recht daran, Beat hätte immer noch sagen können, es sei ein Scherz gewesen, und wahrscheinlich hätte sie erleichtert gelacht. Aber keiner wollte als erster seine Angst eingestehen, und so heirateten sie eben. Schlußendlich hatte Beat doch nicht ihren Namen angenommen, weil er befürchtete, daß seine Mutter das nicht überleben würde, und so hieß er jetzt Beat Bäcker-Marzoni, und sie hieß Barbara Marzoni Bäcker, die meisten Paare entschieden sich für diese Form, hatte der Standesbeamte gesagt, sie waren also nicht einmal besonders originell.

Als ob heiraten jemals originell gewesen wäre!

Barbara stand auf und humpelte mühsam über die Steine zum Wasser. Ihr Knöchel schmerzte tatsächlich noch ein bißchen, sie hatte ihn sich gestern beim Abstieg verstaucht. Sie ging ins Wasser, bis es ihre Kniekehlen umspülte, es war so kalt, daß sie heftig den Atem ausstieß. Der Strand war ziemlich voll, aber außer ihr war niemand im Wasser. Barbara machte noch einen Schritt, dann blieb sie einen Moment stehen und verschränkte die Arme vor der Brust. Das Wasser war so klar, daß sie jeden einzelnen lackierten Zehennagel sehen konnte. Ganz in Gedanken versunken und ohne es eigentlich recht zu merken, ging sie Schritt für Schritt tiefer hinein, und plötzlich stand sie bis zu den Brüsten im Wasser und fand es eigentlich gar nicht mehr so kalt. Doch als sie untertauchte und den ersten Zug schwamm, verkrampfte sich ein Muskel in ihrem Rücken, und sie mußte sich zwingen zu atmen. Ein leichter Dunst lag über dem Wasser, der Horizont schien ganz nah, höchstens drei Züge entfernt, sie schwamm die drei Züge und dann noch drei, und dann kehrte sie um.

Als sie ans Ufer watete, sah sie, daß sich verschiedene Männer aus den Grüppchen am Strand gelöst hatten und sich prustend ins kalte Wasser warfen. Was ein Weib konnte, konnten sie noch lange, oder.

Barbara lag reglos auf den heißen Steinen. Das Meerwasser verdunstete auf ihrer Haut und hinterließ salzige Krusten. Was war los mit ihr? Warum war sie so empfindlich? Warum betrachtete sie alle Männer plötzlich durch eine entlarvende, scharfe Brille?

Es mußte eine Nachwirkung der Hochzeit sein, entschied sie. Bisher hatte sie die Gesellschaft von Männern eigentlich vorgezogen, sie fand sie unkomplizierter und direkter als Frauen und leichter zu durchschauen. Sie konnte auch nicht verstehen, warum ihre Freundinnen immer ein solches Theater machten um ihre Männer. Wenn sie sich mit Beat stritt, was selten vorkam, ging es immer um ganz konkrete und benennbare Probleme, die sie ihm sachlich darlegen konnte und die er meist nach kurzem Trotzen akzeptierte. So hatte er im Lauf der letzten elf Jahre folgende Dinge ihretwegen aufgegeben: zu schnelles Autofahren, Fußballspielen und Anschauen von Fußballspielen am Fernsehen, Ausspucken in der Öffentlichkeit, andere Frauen, mit dümmlichen Sprüchen bedruckte T-Shirts, seinen lauten Jugendfreund, ins Bett gehen, ohne die Zähne geputzt zu haben. Sie konnte sich also nicht beklagen.

Sie war eine verheiratete Frau mit einem lächerlichen Namen und einem Mann, den sie in- und auswendig kannte. Sie hatte in Hosen geheiratet und nicht einmal gewagt, eine Liste in einem Möbelgeschäft zu hinterlegen, obwohl ihre Wohnungseinrichtung so alt war wie ihre Beziehung. Sie wollte es tun, aber dann war es ihr doch nicht ganz richtig vorgekommen, und jetzt saßen sie da mit Bergen von Gutscheinen für Abendessen, Einkaufsbummel, Picknick und sogar Babysitting. Nicht, daß sie keine Kinder wollten. Sie hatten es nur nicht erwähnt. Irgendwie fanden sie es spießig, wegen möglicher Kinder zu heiraten. So viele ihrer Bekannten waren mit Neun-Monats-Bauch auf dem Standesamt erschienen und hatten sich dabei so unkonventionell gefühlt. So ein Schauspiel wollte sie auf keinen Fall geben. Allerdings hatte sie vor der Hochzeit sechs Kilo zugenommen, was vermutlich auf dasselbe herauskam.

Sie stand auf, packte ihre Sachen zusammen, und als sie sich bückte, um ihre Strandtasche aufzuheben, fiel ihr auf, wie tief ihre Brüste hingen. Doch das war nur die Erdanziehungskraft, denn als sie sich aufrichtete, so schnell, daß ihr beinahe schwindlig wurde, saßen sie wie immer, klein und fest unter ihrem gewölbten Brustbein. Aber war es nicht so, daß Frauen nach der Hochzeit unaufhaltsam ihre Form verloren, als ob es nicht mehr darauf ankäme? Prüfend strich sie mit der Hand über ihre Hüften, die ihr irgendwie eingebeult vorkamen, unnötig kurvig, weiblich.

Barbara musterte verstohlen die Frauen, die meist nackt am Strand lagen. Alle, außer den ganz jungen, hatten diese eingebeulte Hüften. Sie senkte den Blick auf den steinigen Strand, um nicht zu stolpern. Früher hatten aber nicht so viele Männer nackt herumgelegen, oder?

Barbara saß auf dem Balkon, die Füße gegen das Geländer gestemmt, auf ihrem Schoß lag ein Buch. Die Buchstaben schienen sich immer wieder neu zu formieren, so daß es sich gar nicht lohnte, umzublättern. Hallo, sagte der Mann, der eben auf den Balkon nebenan getreten war. Sie nickte. Deutsch war hier die Umgangssprache. Der junge Mann nebenan war ein typischer Vertreter der Kretatouristen: Nicht mehr ganz jung, bunt gekleidet, ordentlich (täglich wischte er seinen Balkon), ein geschiedener

Vater mit kleinem Sohn, den er gerne von mitfühlenden Touristinnen betreuen ließ, während er in die Disco ging. Heiß heute, sagte er, und sie war gezwungen, wieder aufzublicken. Er stand ganz nah, beugte sich über die Plastikwand zwischen ihren Balkonen und grinste. Himmel, er flirtete doch nicht etwa mit ihr? Das war ihr schon so lange nicht mehr passiert, daß sie nicht wußte, wie sie reagieren sollte. Er war groß und schlank und völlig unbehaart. Der vordere Teile seiner Haare war kurz geschnitten, der hintere mehr als schulterlang und zu einem Zopf geflochten, den er manchmal nach Sumoringerart über den Kopf nach vorne zog. Nicht, daß er ihr nicht gefallen hätte, aber da war dieser unerträglich selbstgefällige Ausdruck auf seinem Gesicht.

Wortlos schüttelte sie den Kopf, und als sie sich wieder ihrem Buch zuwandte, beobachtete sie aus den Augenwinkeln, wie er beleidigt seine geblümten Boxershorts hochzog, bis fast unter die Achseln, und dann wieder in sein Zimmer zurückging.

Barbara wußte, daß sie den nächsten Mann, der sich ihr näherte, auf unverzeihliche Weise beleidigen würde. Sie stand auf, zog sich ein T-Shirt über und ging in die Bar hinter dem Hotel, die von einer jungen Frau geführt wurde, die lange in Deutschland gelebt hatte und unter anderem Apfelkuchen, Bratkartoffeln und Müsli servierte. Zu den Essenszeiten war die Bar immer voll, aber sie lag zu weit vom Strand entfernt, als daß man sie nur für einen Kaffee aufsuchte.

Maria putzte die Saftpresse, spülte die einzelnen Teile unter dem fließenden Wasser und setzte sie dann geschickt wieder zusammen. Probehalber preßte sie ein paar Orangen aus, steckte zwei Strohhalme ins Glas und setzte sich zu Barbara. Barbara hatte ihre Hochzeitsbilder mitgebracht. Bisher hatte sie sie noch niemandem gezeigt.

Das sind wir vor dem Standesamt, sagte sie, als ob man das nicht sehen könnte, und das sind unsere Trauzeugen, fuhr sie fort, ein bißchen unsicher. Sie spürte genau, daß Maria nicht sehr beeindruckt war. Irgendwie sah das alles nach nichts aus, ein Haufen durchschnittlicher Menschen in Alltagskleidern vor einem grauen Gebäude, man konnte nicht einmal die Braut auf Anhieb erkennen, weil sie Hosen trug und der Bräutigam seinen Arm um die Hüften einer anderen Frau gelegt hatte. Barbara schaute noch einmal genauer hin. Das ist meine Freundin Evi, erklärte sie eine Spur zu schnell, tatsächlich sah Evi auf dem Bild glücklicher aus als sie selbst, aber das lag an der Morgensonne, die ihr direkt ins Gesicht schien, so daß sie der Kamera eine gequälte Grimasse entgegenhalten mußte. Empfindliche Augen, nichts anderes, aber das würde Maria wohl nicht glauben. Sie ärgerte sich. Marias Mann lag den ganzen Tag im Bett oder besuchte seine Geliebte in der Hauptstadt, während sie die Bar führte und die drei Kinder aufzog, Barbara sah nicht ein, wie sie über ihre Ehe die Nase rümpfen konnte. Maria stand auf und zupfte ein Foto aus dem Rahmen des Spiegels hinter der Theke. Ihr eigenes Hochzeitsbild.

Das ist es, was ich meine, sagte Maria.

Barbara nahm ein Foto in die Hand. Sie sah Maria vor der Kirche stehen, in einer Kopie des zweiten Hochzeitskleides von Liz Taylor, mit einem Kranz weißer Blüten im Haar.

Und sie wußte, daß Maria recht hatte.

Sie selber hatte in einem hellgelben Hosenanzug geheiratet. Zu eng, weil sie in den Wochen vor der Hochzeit zugenommen hatte, unbequem, nicht sehr vorteilhaft, und sie wußte, daß sie ihn nie wieder tragen würde. Und dabei blieb sie durchaus auch manchmal vor den Schaufenstern der Brautgeschäfte stehen, und sie studierte die Bilder von königlichen und anderen großen Hochzeiten ganz genau, vorausgesetzt, sie erschienen in der seriösen Tageszeitung, die sie abonniert hatte.

Maria deutete ihren Blick richtig.

Ich hab's noch, sagte sie, willst du ...

Barbara war schon aufgestanden.

Sie hielt den Atem an, nicht nur, weil ihr das Kleid viel zu eng war. Ihre gebräunte Haut hob sich dunkel von dem blendendweißen, synthetischen Spitzenstoff ab, und ihre Brüste schienen jeden Moment aus dem Ausschnitt hüpfen zu wollen. Ihre Taille schien so schmal über einem Meer von Tüll. Sie sah aus wie eine ... eine Fee, eine Prinzessin, eine Braut. Es war wie früher. Es machte keinen Unterschied mehr, ob sie fünf, fünfzehn oder fünfunddreißig Jahre alt war. Maria lachte begeistert, klatschte in die Hände, sie band Barbaras Haar mit einem Satinband nach hinten und suchte die passenden, hochhackigen Schuhe hervor. Dann kamen Kunden, Maria lief nach unten, und Barbara stöckelte nachdenklich vor dem Spiegel auf und ab.

Sie hatte ihre Wanderstiefel angezogen und lief Beat entgegen. Sie mußte es ihm sofort sagen: Beat, wir haben alles falsch gemacht, laß uns noch einmal von vorn anfangen, sonst geht es schief, das weiß ich. Der Aufstieg war steil, ihr Knöchel schmerzte, und Marias Hochzeitskleid verfing sich immer wieder in den Disteln. Endlich sah sie ihn, er stand oben auf dem Hügel mitten in einer Schafherde. Sie blieb stehen, hielt die Hände trichterförmig vor den Mund und schrie: Beat, Beat! Wir müssen uns wieder scheiden lassen!

Sie war nicht sicher, ob er sie hören konnte.

Die Fernsehshow

Da saß sie also und wartete.

Sie saß auf einer mit klebrigem, grünem Plastik bezogenen Couch und wartete. In allen vier Ecken des fensterlosen Raumes waren Fernsehapparate montiert, sie liefen ohne Ton, und um das Bild zu sehen, mußte sie den Kopf in den Nacken legen, was sie aber nicht tat, um ihre Frisur nicht zu gefährden. An einer Wand stand ein Kaffee-und-Tee-Automat, der aber nicht funktionierte. In regelmäßigen Abständen stand sie auf, um das nachzuprüfen. Sie hätte viel für eine Tasse Tee gegeben. Auf der anderen Seite hing eine große Uhr, die vernehmlich tickte. Manchmal kam ihr das Ticken unregelmäßig vor wie Herzschläge, aber das war natürlich Einbildung. Das lange Warten machte sie ganz konfus.

Sie hatte sich alles ganz anders vorgestellt.

Es war Hedwigs Idee gewesen, sich bei der Hermann-Hermann-Show anzumelden. Sie hatten sich beide angemeldet, aber nur Rose war als Kandidatin ausgewählt worden.

Es macht mir überhaupt nichts aus, hatte Hedwig gesagt, ehrlich gesagt, ich wäre wahrscheinlich gestorben vor Angst. Du wirst das viel besser machen.

Rose und Hedwig kannten sich schon ein Leben lang. Sie waren wie Schwestern aufgewachsen. In der Schulzeit waren sie noch unzertrennlich, später verloren sie sich dann aus den Augen. Hedwig hatte lange Zeit im Ausland gelebt. Sie hatte immer wieder geheiratet und unzählige Kinder bekommen. Rose hatte allein gelebt, unbeschreibliche Hüte entworfen und ein wildes Leben geführt. Sie hatten sich wohl ab und zu geschrieben und sich auf dem laufenden gehalten, aber mehr nicht. Und dann waren sie sich vor ein paar Jahren in den grauen Gängen des Sozialamtes ihrer Heimatstadt begegnet. Hedwigs Männer waren alle gestorben, und ihre Kinder lebten auf dem ganzen Erdball verstreut, kein einziges in ihrer Nähe. Rose hatte, seit Hüte nicht mehr in Mode waren, keine Arbeit mehr und überhaupt kein Geld, alles ausgegeben in den wilden Jahren. Sie beschlossen, sich zusammen eine billige Wohnung zu suchen. Sie hatten beide Angst vor dem Altersheim, deshalb gaben sie sich große Mühe. Seit vier Jahren wohnten sie jetzt zusammen. Sie ergänzten sich perfekt. Hedwig war unermeßlich dick geworden, und ihre brüchigen Knochen und verformten Gelenke protestierten gegen jede überflüssige Bewegung. Dafür wußte sie noch nach Tagen, was sie in der Zeitung gelesen hatte, und löste selbst die schwierigen Kreuzworträtsel in der Wochenendbeilage in Rekordgeschwindigkeit. Rose hatte sich durch tägliche Gymnastik bei geöffnetem Fenster und lange Fußmärsche fit und durch das Rauchen von filterlosen Zigaretten dünn gehalten. Aber Hedwig mußte ihr jedesmal mehrere Zettel mitgeben, wenn sie sie zum Einkaufen schickte. Sie war oft ein bißchen verwirrt.

Rose verstand nicht recht, wie eine so kluge Frau wie Hedwig sich jeden zweiten Samstag die Hermann-Hermann-Show anschauen konnte. Hedwig schwärmte für den Moderator, der in ihrer beider Jugend ein halbwegs bekannter Schlagersänger gewesen war. Für Hermann Hermann schien die Zeit stehengeblieben zu sein. Nicht, daß man ihm sein Alter nicht ansah, aber er ignorierte es mit einer gewissen Überheblichkeit. Er war ein bißchen dick geworden, sein tief gebräuntes Gesicht wirkte leblos, und nach Roses Überzeugung trug er ein Toupet. Trotz allem bewegte er sich so flink wie früher, schwenkte nekkisch seine Hüften, bis das weibliche Publikum kreischte. Er trug karierte Anzüge und offenstehende Hemden, goldene Kettchen am Handgelenk und knallige Seidenschals, die seinen faltigen Hals verdeckten. Er moderierte die Show mit Schwung und frechen Sprüchen. Die Kandidatinnen, ausnahmslos «junggebliebene Damen», wie er es nannte, verziehen ihm auch die gröbsten Frechheiten. Rose hatte immer das Gefühl, er mache sich ganz offen über seine Gäste lustig, aber Hedwig sah das nicht so, und sie war schließlich die Expertin. Die Kandidatinnen durften einen Star aus ihrer Jugend imitieren, zu Playback, und dann ein paar Sachen erraten, von denen jüngere Leute noch nicht einmal gehört haben konnten, und wenn sie Glück hatten, erfüllte ihnen Hermann Hermann am Ende der Show noch einen langgehegten, ganz persönlichen Wunsch. Dann hatten alle plötzlich Tränen in den Augen, wo sie doch vorhin noch so herzhaft gelacht hatten, und Hedwig nahm ihr Taschentuch aus dem Ärmel und trompetete ungeniert hinein.

Rose konnte mit der Hermann-Hermann-Show nichts anfangen. Sie sah sie sich nur deshalb an, weil das Wohnzimmer zu klein war, um dem Fernseher zu entgehen. Hedwig sah jeden Abend fern, Rose hatte sie sogar im Verdacht, schon nachmittags damit anzufangen, wenn sie selber in der Stadt unterwegs war. Sie konnte es ihr nicht verübeln, schließlich kam sie ja kaum mehr aus der Wohnung. Und Hedwig schaute nicht etwa wahllos irgend etwas. Sie studierte sorgfältig das Programm in der Tageszeitung, wählte eine Sendung aus, über die sie Rose dann beim Nachtessen informierte und ihr genau erklärte, warum sie sich das unbedingt anschauen sollten. Rose sollte nicht denken, sie schaue aus purer Langeweile, oder gar, weil sie nichts Besseres vorhatte. Rose versuchte manchmal zu lesen, aber das war unmöglich, Hedwig drehte den Ton immer viel zu laut. Wenn Rose ehrlich war, würde sie nach dem Abendessen viel lieber sitzenbleiben und mit Hedwig diskutieren, das fehlte ihr von früher her, die langen Abende, an denen viel getrunken und laut geredet wurde. Hedwig trank fast gar nichts, nur ein bißchen Eierlikör nachmittags und Champagner an hohen Feiertagen. Rose trank eine halbe Flasche schweren Rotwein zum Essen. Hedwig behauptete, der Alkohol habe ihr Gehirn aufgeweicht und wichtige Zellen weggespült. Hedwigs Schwäche waren Süßigkeiten. So saß sie abends in ihrem bequemen Sessel vor dem Fernseher und grabschte mit ihrer rundlichen, beringten Hand nach den bereitstehenden Pralinen, ohne überhaupt hinzusehen. Währenddessen rauchte Rose auf dem Balkon eine Zigarette. Sie rauchte nur noch in ihrem eigenen Zimmer und auf dem Balkon. Hedwig zuliebe.

Und Hedwig zuliebe saß sie jetzt auf diesem klebrigen grünen Sofa. Sie fingerte nach ihrer Zigarettenschachtel, obwohl unübersehbar überall Rauchverbotsschilder hingen. Sie nahm eine Zigarette in die Hand und rollte sie zwischen Daumen und Zeigefinger hin und her. Sie warf wieder einen Blick auf die Uhr. Mußte sie eigentlich nicht bald zur Maske? Sie glaubte sich zu erinnern, daß Heidi, die Assistentin, gesagt hatte, man würde sie rechtzeitig abholen. Aber sie war sich nicht mehr ganz sicher. Rose zerbrach die Zigarette zwischen den Fingern und wischte die Tabakkrümel auf den Boden. Ihr Gedächtnis hatte in den letzten Jahren wirklich stark nachgelassen. Manchmal fand sie sich plötzlich irgendwo wieder, oft in einem Laden, und wußte beim besten Willen nicht mehr, wie sie dahin gekommen war, geschweige denn, was sie da wollte. Sie erinnerte sich an viele Einzelheiten aus ihren frühen Jahren, aber was die Leute zu ihr sagten, fiel meistens durch irgendwelche geheimnisvollen Maschen in ihrem Kopf. Vor allem, wenn sie ihr einschärften, sich etwas gut zu merken. Dann konnte sie sicher sein, daß sie es sofort vergaß. Rose begann zu schwitzen. Wahrscheinlich hatte sie alles ganz falsch verstanden. Die anderen Kandidatinnen saßen unterdessen bestimmt in einem richtigen Wartezimmer, in einem ganz anderen Teil des Gebäudes, wo der Kaffeeautomat funktionierte und die Fernseher mit Ton liefen. Sie wurden der Reihe nach aufgerufen und gingen brav zur Maske und zur Kameraprobe. Sie würde die Sendung verpassen und alles durcheinanderbringen, nur weil sie wieder nicht richtig zugehört hatte. Wenn doch nur Hedwig hier wäre!

Rose verstand nicht, warum man sie ausgewählt hatte und nicht Hedwig, die viel besser in die Sendung gepaßt hätte. Und sie hätte doch so gern Hermann Hermann die Hand geschüttelt. Daran lag Rose nun wieder gar nichts.

Ich kann dich überhaupt nicht verstehen, der Mann ist einfach lächerlich, sagte sie verzweifelt. Ach, laß mir doch den Spaß, antwortete Hedwig jeweils, du weißt doch, daß ich nicht vor die Haustür komme, und die einzigen Männer, die ich sehe, sind nun mal im Fernsehen.

Männer, sagte Rose dann, hast du immer noch nicht genug davon? Je mehr du von ihnen gehabt hast, desto schwerer fällt es dir, auf sie zu verzichten! kicherte Hedwig. Nein, im Ernst, der alte Gockel erinnert mich an meinen Vierten, den Ungarn, ich glaube, du hast ihn kennengelernt, das war in den frühen Fünfzigern, der trug genau die Art von Seidenschal, so schick um den Hals geschlungen, und ich zupfte daran, um ihn zu necken, das fand er überhaupt nicht komisch, und wehe, wenn ich ihm die Haare zerzauste, das konnte er auch gar nicht leiden . . . Ach, aber temperamentvoll war er, und wie!

Hermann Hermann hätte wahrscheinlich auch keine Freude, wenn du ihm die Haare zerzausen würdest, die würden ihm nämlich glatt herunterfallen, stichelte Rose.

Darüber konnten sie sich immer wieder streiten: Trug Hermann Hermann nun ein Toupet oder nicht? Ehe ich das glaube, schmeiße ich den Fernseher aus dem Fenster, schloß Hedwig jeweils die Diskussion ab.

Rose lächelte.

Es gab nichts, was sie nicht für Hedwig tun würde. Was war denn schon dabei, im Fernsehen aufzutreten und «Kann denn Liebe Sünde sein» zu singen? Sie mußte ja nicht einmal selber singen, nur so tun. Sie stand auf und ging ein paar Schritte bis zur gegenüberliegenden Wand, wo ein identisches grünes Plastiksofa stand. Sie trug einen dunklen Anzug, ein Seidenhemd und eine breite Krawatte. Ihre hellgrauen Haare waren glatt über ihr linkes Auge gezogen und rollten sich über den Ohren nach innen. Das Alter stand ihr gut. Ihrem Gesicht hatte es früher, als es noch glatt und voll gewesen war, völlig an Ausdruck gefehlt. Sie hatte sich immer mit exzentrischer Kleidung und brombeerfarbenem Lippenstift behelfen müssen. Jetzt hatte sie das nicht mehr nötig. Sie wirkte ganz von allein, geheimnisvoll, geschlechtslos.

Unruhig ging sie auf und ab, die Hände in den Hosentaschen. Sie würde sich nur sparsam bewegen, nicht wie die anderen Kandidatinnen, die sich regelmäßig zu Klängen von Marika Rökk oder Zsazsa Gabor oder gar irgendwelchen Jodlerinnen lächerlich machten, in schlecht sitzenden Abendkleidern oder tief ausgeschnittenen Dirndl über die Bühne hüpften, die dicken Beine schlenkerten und ihre Strumpfränder sehen ließen. Rose hob versuchsweise ein gestrecktes Bein hoch, so daß die überweite Hose zurückrutschte, nicht, daß sie es nicht konnte, es war eine Frage des Stils.

Jetzt wurde es aber doch sicher langsam Zeit für die Probe. Rose konnte ihre Unruhe nicht mehr unterdrükken. Sie sah auf die Uhr, die Sendung würde schon bald beginnen, es hatte keinen Sinn mehr, so zu tun, als sei alles in Ordnung. Ihr Magen begann zu rumpeln und zu knurren, und sie mußte dringend auf die Toilette.

Sie öffnete die Tür und schaute vorsichtig auf den Flur hinaus. Weit und breit war niemand zu sehen. Sie ließ die Türe weit offenstehen, damit sie den Raum wieder finden würde, und wandte sich nach kurzem Zögern nach rechts. Der Flur lag im düster flackernden Neonlicht scheinbar endlos vor ihr. Links und rechts Reihen unbeschrifteter Türen, sie traute sich nicht, irgendwo anzuklopfen. Der Flur bog im rechten Winkel ab und ging dann genauso endlos weiter.

Irgendwo blinkte ein rotes Licht, und sie wußte bereits nicht mehr, wo sie war. Doch ganz wider Erwarten sah sie ein großes, deutliches Schild, das mit einem Pfeil auf die Toilettentür wies. Und als sie aus der Kabine kam, stand Heidi, die Assistentin von Hermann Hermann, vor dem Spiegel und tupfte sich mit einem Papiertuch die glänzende Nase ab. Sie schrie auf, als sie Rose im Spiegel sah, und drehte sich um.

Ja, aber, wo haben Sie denn gesteckt, wir suchen Sie schon überall, Hermann ist außer sich!!

Ich habe gewartet, sagte Rose ergeben.

Heidi winkte ab.

Schon gut, dafür ist jetzt keine Zeit, Sie müssen sofort in die Maske. Die Sendung beginnt in einer halben Stunde!

Das kam Rose eigentlich relativ lange vor, aber was verstand sie schon vom Fernsehen. Die junge Frau lief ein paar Meter vor ihr her, drehte sich immer wieder um und winkte. Rose hatte Mühe, ihr zu folgen.

Wir haben sie gefunden, rief Heidi durch die offene Tür in die Maske, jetzt aber hopp, hopp!

Rose setzte sich verlegen auf einen Friseurstuhl, eine hübsche junge Frau legte ihr einen Nylonkittel um und begann, ihr eine fleischfarbene Paste ins Gesicht zu schmieren.

Es tut mir leid, murmelte Rose, ich wußte nicht . . .

Bitte stillhalten, sagte die junge Frau und stäubte sie mit Puder ein. Ihre Hände waren grob. Sie zupfte an Roses sorgfältig gelegter Innenwelle. Mit den Haaren können wir jetzt nichts mehr machen, sagte sie ungeduldig.

Es muß halt so gehen, rief die Assistentin vom Türrahmen aus, los jetzt! Rose stand auf, der Kittel wurde ihr weggerissen, Heidi lief schon wieder den Flur entlang. Rose folgte ihr bis zum Studio. Hier warteten die anderen Kandidatinnen, zwei sich sehr ähnlich sehende Frauen in geblümten Seidenkleidern mit lila gefärbten Löckchenfrisuren. Sie musterten Rose ein wenig verächtlich.

Wo waren Sie denn? fragte die eine mißmutig, Sie haben ja den Imbiß verpaßt.

Das schadet auch nichts, gab Rose bissig zurück und warf einen vielsagenden Blick auf die rundliche Figur der anderen. Dabei knurrte ihr Magen schon wieder, und sie wäre am liebsten sofort nach Hause gefahren, um die Sendung vom sicheren Sessel aus mitzuverfolgen. Hermann Hermann kam mit einem Rudel junger Frauen, die an seiner Kleidung herumzupften und ihm Zettelchen zusteckten. Ungeduldig fegte er sie aus dem Weg und musterte etwas irritiert die atemlos wartenden Kandidatinnen.

Alle da, beeilte sich Heidi zu versichern.

Hm, knurrte Hermann und ging voraus. Die drei Frauen folgten stolpernd. Verwirrt vom hellen Scheinwerferlicht und dem tosenden Applaus, setzten sie sich nebeneinander auf ein mit idiotischen Spitzendeckchen behängtes Sofa und nannten schüchtern ihre Vornamen.

Rose kam als erste dran. Träge wiegte sie sich im Takt zu ihrem Lied, schüttelte sich die Haarsträhne aus dem Gesicht und sog stolz die Wangen ein. Sie war gut, sie wußte es. Aber der Applaus war nur mäßig, und die beiden anderen Kandidatinnen beobachteten sie mit verkniffenen Lippen. Rose blieb unschlüssig im Lichtkegel stehen. Hermann Hermann kam mit ausgestreckten Armen auf sie zu.

Applaus bitte, krähte er, Applaus für Rose, Sie haben das ganz toll gemacht, wirklich, ganz toll. Er schubste sie näher zur Kamera und tätschelte ihr dann die Schulter, um die etwas grobe Geste zu kaschieren. Aus der Nähe sah Rose ganz deutlich, daß seine Zähne falsch waren, bei den Haaren war sie sich allerdings nicht so sicher.

Plötzlich war ein Mikrophon vor ihrem Gesicht, verdammt, sie hatte seine Frage nicht verstanden. Unsicher blickte sie vom Mikrophon zur Kamera und von ihren Füßen in sein Gesicht.

Blöde Kuh, zischte er zwischen seinen begeistert gebleckten Zähnen, bevor er die Pause mit gekonntem Gelaber überbrückte.

Wirklich ganz genau wie unsere große, unsere unvergessene Marlene! Ganz erstaunlich. Meine liebe Rose, sehen Sie, beinahe hätte ich Marlene gesagt, hehehe ... Haben auch Sie vielleicht einen Wunsch, den Sie mir anvertrauen möchten? Ja? Er hielt ihr das Mikrophon unter die Nase.

Das war die Frage. Kann denn Liebe Sünde sein, das Lied könnte sie auswendig hersingen, aber der Teil war schon vorüber, jetzt kam das mit dem Wunsch, Herrgott, ihr Kopf war ganz leer, dabei hatte sie es doch zu Hause mit Hedwig geübt ... Hedwig ... Es mußte mit Hedwig zu tun haben, komm schon, streng dich ein bißchen an, du wünschst dir etwas für Hedwig, die in ihrem Sessel festsitzt und sich nicht mehr amüsieren kann ...

Die Stille wurde unerträglich, die beiden Kameras schwenkten hektisch hin und her, und das Grinsen des Moderators wurde bösartig.

Und plötzlich fiel es ihr wieder ein.

Mit einem glücklichen Lächeln streckte sie die Hand aus, griff in Hermann Hermanns silbergesträhnten Haarschopf, zog einmal kräftig daran und hielt eine Perücke in der Hand.

Also doch, sagte sie mit ihrer tiefen Stimme ins Mikrophon, jetzt kannst du den Fernseher endlich aus dem Fenster schmeißen, meine Liebe! Dann hauchte sie einen Kuß Richtung Kamera, warf den behaarten Lappen über die Schulter ins Publikum, das johlend danach grabschte, und trat mit einem großen Schritt aus dem Bildschirm.

Die Bademeisterin

Das Schwimmbad war überfüllt. Es war ein Mittwochnachmittag, schulfrei, und wahrscheinlich einer der letzten langen, heißen Nachmittage dieses Sommers. Mathilda bahnte sich einen Weg durch die Menge. Sie hatte die Arme auf dem Rücken gekreuzt, die Augen unter dem Mützenschirm zusammengekniffen. Das Gelände war ohnehin schlecht zu überblicken, auch wenn es nicht so voll war. Es war leicht hügelig, die verschiedenen Becken lagen weit auseinander. Es gab ein Fünfzig-Meter-Schwimmbecken, ein Nichtschwimmerbecken, ein Sprungbecken, ein kleines Planschbecken und einen Kinderspielplatz. In der Nähe der Mauer spendeten ein paar alte Bäume nur unzureichend Schatten. Dort drängelten sich die jungen Mütter mit ihren Babies. Und ihren Kinderwagen, Steppdecken, Sonnenschirmen, Picknickkörben, Fläschchen, Spielsachen und Wippen, die sie an den unteren Ästen aufhängten. Manche kamen jeden Tag hierher und verteidigten verbissen ihren Stammplatz gegen die, die nur hin und wieder kamen. Babies krabbelten von einer Decke zur anderen, schlugen sich mit Plastikschäufelchen auf den Kopf, und die Mütter sahen aus, als würden sie am liebsten dasselbe tun. Mathilda sah nicht ein, warum man überhaupt den Aufwand auf sich nahm, mit Babies ins Schwimmbad zu gehen, andererseits verstand sie natürlich nichts von Babies.

Das Bad lag mitten in einem Wohnquartier am Stadtrand. An einem Nachmittag wie diesem hielten sich hier vor allem Frauen und Kinder auf. Mathilda hatte während des ganzen Sommers kaum einen Mann gesehen, der älter als fünfzehn und jünger als siebzig war. Nicht, daß sie das störte.

Das Bad hatte seine eigenen Bereiche. Auf der Wiese vor dem Kiosk und dem Selbstbedienungsrestaurant lagen die älteren Ehepaare, die frühmorgens schon mit Liegestühlen, Sonnenschirm und Kühlbox bewaffnet antraten. Sie hatten meist ein Saisonabonnement, das sie jeden einzelnen Tag nutzten, von der ersten bis zur letzten Stunde. Bei schlechtem Wetter spielten sie unter dem Vordach des Restaurants Karten. Ihnen entging nichts. Da die Toiletten gleich hinter dem Restaurant lagen, mußte jeder früher oder später einmal an ihnen vorbei. Gewichtszunahme, Haarschnitt, andere Badehose als im Vorjahr, vermutete Liebeleien, gerötete Augen, unsicherer Gang, nichts blieb unbemerkt oder unkommentiert. Und sie dachten gar nicht daran, ihre Stimmen zu senken.

Zwischen Spielplatz und Nichtschwimmerbecken verteilten sich die Schulkinder und ihre wachsamen Mütter, vielbeschäftigte Hausfrauen, die sich an Kompetenz gegenseitig zu übertreffen versuchten. Und beim Sprungbecken, das ungünstig gleich neben dem Planschbecken für die ganz Kleinen lag, machten sich die Jugendlichen breit.

Mathilda ging langsam am Beckenrand entlang. Sie bemühte sich, unnahbar zu wirken und durch die Gesichter hindurch zu blicken. Sie wollte vermeiden, daß jemand sie ansprach.

Sie fühlte sich nicht wohl hier. Sie konnte sich nicht einleben. Sie paßte nicht hierher.

Mathilda war sehr groß, und ihre Schultern waren so breit und ihre Arme so muskulös, daß sie vom Schwimmtraining oft unter den Achseln wund wurde. Ihre dünnen Haare waren unter der Mütze zu einem Schwänzchen zusammengebunden. Ihre Brust unter dem weißen T-Shirt war flach, ihr Gang breitbeinig. Sie wußte, daß man sie von hinten oft für einen Mann hielt. Wenn Mathilda durch das Bad ging, fühlte sie alle Blicke auf sich gerichtet, und deshalb stolperte sie oft in ihren Holzsandalen.

Die Hausfrauen verachteten sie, weil sie nicht weiblich wirkte. Die älteren Kinder ärgerten sie, weil sie sie nicht einordnen konnten, und die Kleineren fürchteten sich vor ihr. An manchen Tagen war sie nahe daran, den Job wieder aufzugeben. Aber mitten in der Saison ging das nicht, und außerdem: Schwimmen war das einzige, was sie konnte.

Am schlimmsten waren die Jugendlichen, die immer beim Planschbecken lagen. Sie erschreckten die kleinen Kinder, legten sich mit den Müttern an, warfen Zigarettenstummel ins seichte Wasser. Mathilda hatte nie einen von ihnen im großen Becken gesehen, wahrscheinlich konnten sie nicht einmal schwimmen, sie wußte nicht, warum sie überhaupt ins Schwimmbad kamen. Vermutlich nur, um hinter den Mädchen herzukreischen und allen auf die Nerven zu fallen. Manchmal fragte sich Mathilda wirklich, warum die kleinen Jungen nicht schon bei der Geburt ertränkt wurden. Natürlich war ihr klar, daß männliche Babies im allgemeinen erwünschter waren als weibliche. In ihrer Familie war es jedenfalls so gewesen. Ihr eigener Vater hätte sie sicher mit Vergnügen ertränkt, wenn er Gelegenheit dazu gehabt hätte. Mathilda war das letzte von fünf Mädchen. Sie sollte etwas nachsichtiger sein. Es war bestimmt nicht besonders lustig, alle zwei

Jahre dasselbe Wechselbad von Hoffnung und Enttäuschung durchzumachen. Und natürlich war es mit jedem Mal schlimmer geworden. Bei den ersten beiden hatte er sich womöglich noch gefreut. Sie hatte eben Pech gehabt, sie war nun mal die letzte. An ihr hatte er seine ganze Wut ausgelassen. Hätte es nach ihr noch eine gegeben, hätte es eben die getroffen.

Ihre Schwestern und sie hatten alles daran gesetzt, die Enttäuschung des Vaters zu mildern. Sie hatten sich alle Mühe gegeben, jungenhaft zu sein. Sie waren wilder gewesen als alle Jungen im Dorf zusammen, und ihre Mutter schlug jeweils die Hände über dem Kopf zusammen und sagte: Wenn sie nicht im Sitzen pinkeln würden, würde man es nicht glauben. Auch als Erwachsene hatten sie tapfer Hosen getragen, die Haare kurz geschnitten und Männerberufe ergriffen. Eine war sogar Lastwagenfahrerin geworden. Als er älter wurde, begann der Vater sich erneut zu beschweren: Fünf Mädchen und nicht eine richtige Frau! Nicht einmal Enkelkinder!

Aber dafür war es wohl zu spät. Mathilda war die einzige, die noch im gebärfähigen Alter war, sozusagen.

Wenn sie sich so im Schwimmbad umschaute, hatte sie allerdings keine große Lust, eigene Kinder zu bekommen.

Vielen Dank.

Ein paar der Jungen waren jetzt auf den Sprungturm geklettert, tänzelten auf den Brettern, schubsten die Kleineren ins Wasser und ließen die anderen nicht vorbei. Blitzschnell war das Sprungbecken leer, und die drei oder vier Terrorknaben waren sich der allgemeinen Aufmerksamkeit gewiß. Einer produzierte sich auf dem Fünfmeterbrett, Mathilda war schon öfter mit ihm aneinandergeraten. Er war ein hübscher Junge mit dunklen welligen

Haaren und gefühlvollen Augen, die nichts von seiner Hinterhältigkeit ahnen ließen. Mathilda hatte einmal versucht, mit seiner Mutter zu sprechen, nachdem Jonas, so hieß der Junge, ein kleineres Mädchen untergetaucht hatte, bis es blau im Gesicht gewesen war. Die Mutter hatte ihr eine Szene gemacht, unter anderem hatte sie sie des Rassismus beschuldigt. Darauf hatte Mathilda keine Antwort gewußt. Was hätte sie auch sagen sollen? Daß ihr an dem Jungen nichts aufgefallen war, was über die übliche Sommerbräune hinausging? Oder daß seine Hautfarbe ihn nicht berechtigte, andere Kinder zu ertränken? Sie hatte sich schweigend abgewandt. Jonas hatte das mitangesehen und ließ seither keine Gelegenheit aus, sie zu provozieren.

Mißmutig blies sie in ihre Trillerpfeife. Natürlich waren die anderen Bademeister, zwei routinierte ältere Herren, nirgendwo zu sehen. Wohlweislich beschränkten sie sich darauf, Mückenstiche und kleinere Abschürfungen zu verarzten und Sonnencreme zu verkaufen. Anders hätten sie all die Jahre auch nicht überstanden. Mathilda war eine von denen, die eine Saison lang gewissenhaft Dienst taten und dann entmutigt aufgaben. Um der nächsten Idealistin Platz zu machen. Hör mal, hatten sie ihr gesagt, du hast gar keine Chance. Wenn du sie verprügelst, kriegst du Ärger. Vor denen fürchten sich doch sogar die Lehrer, also laß sie einfach machen. Es wird schon nichts passieren. Und selbst wenn . . .

Aber das ist doch unmöglich! hatte sie sich ereifert. Wir können doch nicht überall gleichzeitig sein! Stellt euch vor, es passiert wirklich einmal etwas.

Es ist schon sehr lange nichts mehr passiert, hatte der eine gesagt und sich eine Zigarette gedreht. Niemand verlangt von uns, überall gleichzeitig zu sein, das wissen die da oben auch.

Mathilda hatte vom ersten Tag an gewußt, daß der Rat der Älteren gut gemeint war und sie ihn besser befolgen würde, aber sie konnte nicht. Sie hatte ein Rettungsschwimmerabzeichen und ein Bademeisterdiplom, sie konnte doch nicht einfach an der Sonne liegen und so tun, als ginge sie das alles nichts an.

Andererseits war der Sommer schon fast vorüber, und es war wirklich nichts passiert. Wenn man von dem täglichen Ärger mit den Jugendlichen absah.

Jonas gab auf dem obersten Brett eine Art Schwanenseevorstellung. Er verhöhnte sie von hoch oben. Komm doch rauf, wenn du dich traust! Mathilda seufzte. Sie wußte, daß sie stärker war. Sie konnte jetzt raufgehen und ihn mit Gewalt da runterholen. Er würde den ehrlich empörten, mißhandelten Jugendlichen spielen, der sich nur mal eben amüsieren wollte. Die Hälfte der Zuschauer wäre auf seiner Seite. Mindestens. Die andere Hälfte erwartete, daß sie eingriff. Sie streifte ihre Holzsandalen ab und stieg auf den Turm. Zwischen dem Dreimeter- und dem Fünfmeterbrett kamen ihr zwei halbwegs zerknirschte Halbwüchsige entgegen. Verschwindet, flüsterte sie, ohne sie anzusehen.

Jonas tänzelte ganz am äußersten Ende des Zehnmeterbrettes. Runter, sagte Mathilda. Er verharrte in der Bewegung, mit theatralisch ausgestrecken Armen. Einen Augenblick lang starrten sie sich an. Dann fing sich der Junge und machte weiter, er war sich seiner Rolle bewußt, er konnte nicht einfach so aufgeben, schließlich schauten seine Freunde zu. Mathilda starrte ihn an. Sie wußte, was in ihm vorging. Sie wußte auch, was er als nächstes tun würde. Springen, es blieb ihm gar nichts anderes übrig. Mit einem eleganten Kopfsprung konnte er den Sprungturm freigeben, ohne sein Gesicht zu verlieren. Mathilda hoffte nur, daß er schwimmen konnte. Kannst du überhaupt schwimmen, du Arschloch, rief sie leise, als er gerade die Arme hob und zum Sprung ansetzte, er zuckte zusammen, verlor das Gleichgewicht, rutschte aus und fiel. Im Fallen streifte er das Dreimeterbrett. Die Zuschauer stöhnten auf, als er aufklatschte und wie ein Stein im Becken unterging. Mathilda holte tief Luft und sprang hinterher.

Dieser Junge war ihre Strafe, dachte sie, bevor sie eintauchte. Sie schoß mit offenen Augen durch das türkisfarbene, chlorhaltige Wasser, Luftblasen stiegen rechts und links von ihr auf. Sie sah ihn beinahe sofort, sie faßte ihn unter den Armen und stieß sich mit beiden Füßen vom Boden ab. Er wehrte sich. Er strampelte, trat um sich, traf sie mit dem Knie schmerzhaft an der linken Brust. Mathilda ließ ihn los, tauchte auf, um Luft zu holen, da war auch endlich einer ihrer Kollegen und stocherte mit der Rettungsstange im Wasser herum. Er rief ihr etwas zu. Idiot, jetzt ist es zu spät, sie gab ihm ein Zeichen, tauchte wieder unter, packte den Jungen, der nun kaum mehr Widerstand leistete, und schlug seinen Kopf auf den Betonboden des Beckens, wieder und wieder und wieder.

Das rosa Seidenkleid

Die Kabine war eng und stickig, die Vorhänge schlossen nicht richtig, und davor warteten schon andere mit Bergen von Kleidern über dem Arm und blinzelten ungeduldig zu mir herein. Ich merkte, wie mir der Schweiß ausbrach, ich konnte es nicht verhindern, ich fragte mich, was ich hier machte. Natürlich wußte ich, was ich machte. Ich verbrachte diesen wunderschönen Samstagnachmittag damit, mir neue Kleider zu kaufen ... Ich fragte mich nur, was ich mir dabei gedacht hatte.

Ich begann mich auszuziehen. Die Kabine war sofort von säuerlichem Schweißgeruch erfüllt. Pure Angst.

So eng die Kabine auch war, man hatte nicht auf den Einbau eines Spiegels verzichtet. Es war ein billiger Spiegel, der irgendwie verzerrend wirkte, ähnlich wie im Spiegelkabinett, ich kam mir jedenfalls einiges gedrungener vor als sonst. Mit dem Licht war wohl auch irgend etwas nicht in Ordnung, oder wie kam es, daß mein Gesicht plötzlich so fleckig war und meine Kleider so schäbig wirkten? Die Hose zu kurz, ich zog sie aus und warf sie auf den Boden, die Bluse zerknittert, weg damit, die Schuhe ausgebeult, die Unterhose löchrig ... Ich schaute noch einmal genau hin, tatsächlich, ich hatte eine alte Unterhose angezogen, ausgeleiert und mottenzerfressen. Wie konnte ich nur! Was, wenn ich beim Verlassen des Ladens überfahren wurde? Was sollte der Notarzt, wenn nicht gar der Leichenbeschauer von mir denken?

Ich nahm das Kleid vom Bügel, ein Trägerkleid aus dünner, rosa Seide. Mein Gefühl sagte mir, daß dieses Kleid nicht für mich gemacht war. Nichts in diesem Laden war für mich gemacht. Außerdem hatten sie nur kleine Größen vorrätig. Und da war niemand, den ich hätte fragen können, wenn ich mich denn getraut hätte. Die einzige Verkäuferin hatte sich dekorativ auf dem Kassentisch gleich bei der Türe drapiert, wo sie gleichzeitig telefonierte und sich die Nägel lackierte. Manchmal hob sie den Kopf, um die potentiellen Kundinnen zu mustern, wandte sich dann aber meist gleich wieder ab. Wahrscheinlich war es ihre einzige Aufgabe, zu große, zu unförmige und zu ungeschickte Kundinnen abzuschrecken, die nur lästig fallen und dann doch nichts kaufen. Sie war wie geschaffen für diese Aufgabe: ein ganz junges Mädchen mit einem Wasserfall lokkiger Haare und einem lächerlichen Körperchen, an dem zwei, drei Fetzen der Hausmarke klebten. Barbie lebt!

Mich wunderte nur, daß sich überhaupt jemand in dem Laden befand. Der Blick, den sie mir zugeworfen hatte, hätte mich normalerweise rückwärts auf die Straße katapultiert, aber ich probierte nun schon seit Stunden Kleider an und war nicht mehr ganz ich selbst.

Dieses eine noch, dachte ich. Und wider besseres Wissen zog ich das Kleid über den Kopf. Es glitt mit einer gewissen Zärtlichkeit über meine Schultern, und die Träger hatten genau die richtige Länge. Das war aber auch schon alles.

Der restliche Stoff rollte sich in der Taille zusammen. Ich zog daran . . . zog . . . zog . . . die dünne Seide krachte gefährlich in den Nähten. Ich biß mir auf die Unterlippe, irgendwie mußte das Kleid doch über den Hintern zu kriegen sein, so groß war er auch wieder nicht.

Noch vor weniger als einer Stunde hatte ich in einem anderen Laden versucht, ein Paar Jeans zu kaufen. Das konnte doch nicht allzu schwierig sein, sollte man denken. Ein Freund von mir kauft sich jeweils drei Paar gleichzeitig und ohne anzuprobieren. Aber er ist natürlich ein Mann.

Ich frage mich, ob es irgendwo auf der Welt eine Frau gibt, die ganz selbstverständlich in eine Jeans paßt. Muß es wohl geben, denn für irgendwen sind die Dinger ja gemacht, obwohl ich schon länger den Verdacht habe, daß bei der Herstellung an das langbeinige Geschöpf aus dem Werbespot gedacht wird. Jedenfalls habe ich noch nie eine getroffen. Dabei gibt es heutzutage spezielle Jeans für Frauen, Stretch und Girls-fit und Loose-fit und Pre-shrink und wie sie alle heißen. Keine paßte. Nachdem ich ungefähr vierzehn Modelle in allen Größen und Formen probiert hatte, hatte die Verkäuferin genug. Sie riß mir die letzte Hose förmlich aus der Hand, schüttelte ihre Ohrgehänge und schnappte: Mit SO EINER Figur mußt du eben Männerhosen tragen! Unerklärlich tief getroffen und mit leeren Händen hatte ich den Laden verlassen. Bei der Erinnerung daran gaben meine Knie nach, nur ein paar Zentimeter, aber das reichte. Was geschehen mußte, geschah, die Rückennaht platzte auf, und zwar in ihrer ganzen Länge.

War es nicht seltsam, daß ausgerechnet meine scheinbar fehlenden weiblichen Kurven diesen Stoff gesprengt hatten?

Ich wickelte den Fetzen ab, das ging nun ganz leicht, strich den Stoff glatt und faltete ihn so, daß man den Riß nicht sehen konnte. Wenn ich Glück hatte, gelang es mir, das Kleid zurückzuhängen, ohne daß jemand etwas merkte. Ich schlüpfte in meine alten Kleider und trat aus der Kabine. Sofort drängte sich ein junges Mädchen mit vier oder fünf Fähnchen unter dem Arm hinter mir herein. Ihre Mutter wartete draußen. Das Mädchen war jung und etwas pummelig.

Viel Glück, dachte ich.

Beinahe gleichzeitig wurde der Vorhang der Kabine nebenan zurückgeschlagen, und eine große, dunkelhaarige Frau trat heraus in einem . . . rosa Seidenkleid. Ich starrte sie fassungslos an. Sie lächelte etwas unsicher.

Findest du es nicht etwas zu weit? murmelte sie und zupfte an dem Stoff, der tatsächlich etwas lose um ihre Hüften spielte. Ich holte tief, tief Luft. Eine andere Größe, versuchte ich mir einzureden, die Schnepfe hat ein L erwischt, aber ich wußte doch, daß das nicht stimmen konnte, daß es in dem ganzen verdammten Laden nichts so Obszönes gab wie ein Kleidungsstück Größe L. Doch die andere richtete sich auf, schaute in den Spiegel und wurde sich erst jetzt bewußt, daß die beiden niedlichen halbmondförmigen Körbchen, die für einen imaginären freischwebenden Busen gedacht waren, unausgefüllt baumelten, während der dünne Stoff ihre eigenen Brüste zwanzig Zentimeter tiefer flach an den Körper preßte.

Unsere Blicke trafen sich im Spiegel. Die andere versuchte, mit den Händen ihre Brüste aus den Untiefen des Kleides zu fischen und in den Körbchen zu verstauen, aber das war ein völlig sinnloses Unterfangen, das hätte ich ihr gleich sagen können.

Dann ging alles ganz schnell. Das junge Mädchen kam tränenüberströmt aus seiner Kabine, warf die Kleider auf den Boden und schrie: Ich bin zu dick!! Ich bin zu dick!!

Aber nein, Kleines, du bist nicht zu dick, versuchte die

Mutter zu trösten. Doch das Mädchen hörte ihr gar nicht zu. Angewidert starrte es in den Spiegel, griff sich mit beiden Händen brutal ins Fleich, kniff, zerrte, kratzte. Und was ist das? Und das? Und das? kreischte sie. Rote Striemen bildeten sich auf ihrer Haut.

Es war Zeit, einzugreifen.

Es liegt an den Kleidern, sagte die Dunkle, schau bloß mich an.

Das Mädchen zog die Nase hoch und schaute trotzig, nur halbwegs überzeugt. Ich faltete den zerrissenen Fetzen auseinander und hielt ihn in die Höhe.

Bei mir sind es die Hüften, sagte ich, obwohl mir immer noch nicht klar war, ob ich nun zuviel oder zuwenig davon hatte.

Die Dinger können gar nicht passen, niemandem. Keine normale Frau kann . . .

Weiter, weiter, bettelte die Mutter, bringt es ihr bei. Scheiß drauf, sagte die Dunkelhaarige plötzlich, griff mit beiden Händen in den Ausschnitt ihres rosa Seidenkleides, riß die Mittelnaht auf und ließ ihre Brüste an die Luft. Das Mädchen begriff jetzt auch, trampelte auf den Kleidern herum, die sie auf den Boden geschmissen hatte, erst etwas verbissen, dann immer vergnügter. Und die Mutter, die sich seit zehn Jahren mit vernünftiger und dehnbarer Kleidung begnügen mußte, riß ein Paar luftige Shorts vom Bügel und schnippelte mit der Nagelschere genüßlich im Schritt herum. Überhaupt hatte sie in ihrer Handtasche allerlei nützliche Dinge wie Scheren, Nagelfeilen, Klarsichtlack und Büroklammern. Es dauerte nicht lange, und der Laden war reif für eine Renovation, und sämtliche Kleider taugten bestenfalls noch für die Textilsammlung.

Erschöpft jauchzte die Mutter auf, die Dunkle wischte

sich den Schweiß von der Oberlippe und erklärte, sie brauche dringend etwas zu trinken. Sie zog ihre eigenen Kleider wieder an, und dann verließen wir den Laden, nicht ohne im Gehen noch ein paar Dekorationen herunterzureißen.

Neben dem Eingang saß immer noch die Verkäuferin, die von allem nichts gemerkt hatte, ihre zierlichen Beinchen gegen den Kassentisch gestemmt, lackierte sie nun ihre Zehennägel in einem auffallenden Lila. Sie würdigte uns keines Blickes. Im Gehen stülpte ich ihr eine Tüte mit dem leuchtenden Schriftzug des Ladens über den Kopf. Stand ihr wirklich gut.

Der Nachbar

Es klingelte an der Tür. Das mußte er sein.

Sie schaltete den Fernseher aus und wischte sich die feuchten Hände an der Trainingshose ab. Sie hatte gerade ein Gymnastikprogramm nach einem Videoband von Raquel Welch absolviert, dabei aber immer wieder auf einen Privatsender umgeschaltet, auf dem gerade die billigen Nachmittagsserien liefen. Dazu hatte sie Konfekt aus einer riesigen Schachtel genascht. Sie stellte die Schachtel weg und sah sich noch einmal um. Das große Wohnzimmer wirkte einigermaßen aufgeräumt. Die blasse Nachmittagssonne legte breite Streifenmuster auf das Parkett. Sie hatte die Getränke auf dem Beistelltischchen arrangiert, so daß sie sich beim Einschenken leicht abwenden konnte. Mit den bloßen Füßen schob sie herumliegende Illustrierte, Schokoladepapierchen und Damenhanteln unter einen Sessel, zupfte ihren leicht verschwitzten, tief ausgeschnittenen rosa Gymnastikanzug zurecht, dann öffnete sie die Türe.

Oh! Bin ich zu früh, murmelte er verwirrt.

Nein, keineswegs, komm doch bitte rein.

Ja, danke.

Er trat einen Schritt vor und blieb dann unschlüssig im Flur stehen. Er wohnte im obersten Stockwerk des Hauses in einer kleinen, düsteren Einzimmerwohnung. Er mußte um die dreißig Jahre alt sein, studierte aber immer noch. Seit einiger Zeit schrieb er an seiner Doktorarbeit.

Außer ihr und ein paar Putzfrauen, Haushälterinnen und Kindermädchen war er der einzige Erwachsene, der sich tagsüber hier aufhielt. Deshalb hatte sie ihn auf ein Glas zu sich gebeten. Das hatte sie schon öfter getan. Die Nachmittage waren lang, und wen hätte sie sonst einladen sollen? Sie nahm seine Hand und zog ihn ins Wohnzimmer.

Setz dich doch, sagte sie und schubste ihn sanft auf das große, hellrosa Ledersofa.

Da saß er ein bißchen unglücklich und gekrümmt, die Knie aneinandergepreßt, die Finger ineinander verflochten. Er trug einen alten, blauen Plüschpullover, der an manchen Stellen so abgewetzt war, daß er glänzte. Sein Haar war bereits etwas schütter, er trug seine Brille und hatte die bleiche Haut und den verwirrten Blick eines Menschen, der so selten nach draußen geht, daß er vollkommen vergessen hat, daß da draußen überhaupt etwas ist.

Magst du etwas trinken?

Ich habe nicht viel Zeit, sagte er.

Ach komm schon, das wird dir gut tun. Du kannst schließlich nicht ununterbrochen arbeiten.

Sie trat zu dem kleinen Tischchen, auf dem Gläser, Flaschen und Karaffen bereitstanden. So, wie er saß, verbarg ihm ihr Körper ihre Hände, die die Gläser füllten. Nicht, daß es etwas Besonderes zu sehen gegeben hätte. Sie goß großzügig Wodka aus einer eisgekühlten Flasche in ein hohes Glas, gab frischgepreßten Orangensaft dazu und löffelte zuletzt zerriebenes Eis aus einem silbernen Schüsselchen ins Glas. Für sich machte sie dasselbe. Nur ohne Eis, natürlich.

Wodka mit Orangensaft trinke ich immer nach dem

Training, lächelte sie, zur Belohnung, und gesund ist es auch!

Er sah sie nicht ganz überzeugt an.

Also, gesund würde ich nicht unbedingt sagen, fing er in seiner komplizierten Art an.

Der Orangensaft ist ganz frisch gepreßt, unterbrach sie ihn, da wimmelt es nur so von Vitaminen!

Sie setzte sich neben ihn auf das Ledersofa, die Beine angezogen, einen Arm auf der Rückenlehne ganz nah an seinem Nacken. Sie fühlte, wie er sich verkrampft nach vorn beugte, um ihr auszuweichen. Hin und wieder hatten sie auf diesem Ledersofa miteinander geschlafen, aber das war, bevor er seine Doktorarbeit angefangen hatte und sie die Gymnastikvideos entdeckte.

Es gab viele Mittel gegen Langeweile.

Wie weit bist du mit deiner Arbeit, fragte sie freundlich und nahm den Arm von der Lehne. Sie wollte nicht, daß er sich unwohl fühlte, schließlich war er ihr Gast. Sie wollte schon lange nichts mehr von ihm, aber auf den Gedanken schien er gar nicht zu kommen. Wie viele Männer glaubte er, daß eine Frau, die er einmal oder auch mehrmals beglückt hatte, nur schwer wieder von ihm loskommen könnte. Männer! Sie lächelte nachsichtig.

Er lehnte sich wieder zurück, jetzt, wo ihr Arm nicht mehr auf der Lehne lag, und entspannte sich ein bißchen.

Meine Arbeit ist jetzt in eine entscheidende Phase getreten, erklärte er, die Auswertung der Ergebnisse ist äußerst anspruchsvoll, und mein Professor meinte erst neulich . . .

Sie hörte ihm nicht mehr zu. Die Doktorarbeit hatte irgendwelche ungebildeten Bauern aus dem Mittelalter zum Thema, sie konnte sich beim besten Willen nicht vorstellen, warum sich irgend jemand dafür interessieren sollte.

Du trinkst ja gar nicht, sagte sie nach einer angemessenen Zeit. Verwirrt blickte er auf das Glas, das er immer noch in der Hand hielt und von dem das Kondenswasser jetzt auf seine Hose tropfte. Sie konnte beinahe sehen, wie es hinter seiner gerunzelten Stirn zu arbeiten begann: Wo bin ich, wie kommt das Glas in meine Hand, wie lange sitze ich hier schon so? Dann nahm er einen großen Schluck, und bevor er mit seinen langatmigen Ausführungen fortfahren konnte, sagte sie: Ich habe mich übrigens entschlossen, meinen Schulabschluß nachzuholen, wie findest du das?

Das finde ich großartig, sagte er, was vorauszusehen gewesen war. Sie lächelte leicht beschämt, während er von der Welt des Geistes schwärmte, die sich ihr eröffnen würde, denn es war natürlich eine Lüge, niemals hätte sie den Mut und die Ausdauer dazu. Eigentlich schade, denn das wäre sicher nicht die schlechteste Lösung gewesen. Bestimmt besser, als was sie in Tat und Wahrheit vorhatte. Aber was sollte sie tun? Sie hatte ja eigentlich gar keine Wahl.

Ihr Mann erlaubte ihr nicht, zu arbeiten, auch nicht stundenweise, auch nicht ehrenamtlich, außerdem hatte sie ja nichts gelernt. Alles, was sie konnte, war, dekorativ auszusehen und ihre Langeweile geschickt zu verbergen. Damit qualifizierte sie sich wohl als Ehefrau eines sehr reichen Mannes, aber ansonsten nützte ihr das wenig. Scheiden lassen konnte sie sich auch nicht, denn selbst wenn ihr Mann einwilligen würde, was nicht sehr wahrscheinlich war, würde er bestimmt dafür sorgen, daß sie es nicht leicht hätte. Es war zu spät, um ein neues Leben anzufangen. Sie war einundvierzig Jahre alt und gab eine Menge Geld dafür aus, daß man es ihr nicht ansah. In ihrem Badezimmerschrank hortete sie schwere Cremetiegel aus elegantem Rauchglas mit goldenen Deckeln, außerdem ging sie regelmäßig zum Friseur, zur Kosmetikerin, Pedikure, Manikure, Massage, Solarium, Dampfbad. Den Rest der Zeit langweilte sie sich zu Tode. Da saß sie Tag für Tag in ihrer repräsentativen Wohnung, die von einer dicken Frau saubergehalten wurde, die sie Rosella nannte. So hatte ihre erste Zugehfrau geheißen, und nachher hatten sie so häufig gewechselt, daß sie sich die Namen nicht mehr merken konnte. Hin und wieder gab es eine Einladung zu organisieren, wobei sie die Hilfe eines Partyservices in Anspruch nahm. Alle paar Jahre mußte die Wohnung neu eingerichtet werden. Das Aussuchen der Farben, Vergleichen der Stoffmuster und die Besprechungen mit dem gutaussehenden Innendekorateur beschäftigten sie immerhin für einige Wochen. Dann gab es natürlich die Reisen, die sie zu festgesetzten Zeiten an immer dieselben exklusiven Orte führten, wo sie andere blondgesträhnte reiche Damen traf, die auf die Ankunft ihrer vielbeschäftigten Ehemänner warteten. In der Zwischenzeit wurde viel getrunken und geklatscht. Zum Anbändeln standen reichlich Skilehrer, Tennislehrer oder Surfinstruktoren zur Verfügung, was zu noch mehr Alkohol und noch mehr Klatsch führte. Sie beobachtete die anderen Frauen und wußte, daß sie sich in nichts von ihnen unterschied. Das deprimierte sie derart, daß sie wieder Pillen schlucken mußte, und wenn sie nach Hause kam, sah sie noch ausgezehrter aus als sonst.

Die meiste Zeit aber saß sie hier auf diesem Ledersofa, spielte mit der Fernbedienung, sah sich die Nachmittagsserien an und aß Schokolade. Zwischendurch schob sie ein Gymnastikvideo in den Recorder und turnte nach den Befehlen von Jane Fonda oder Raquel Welch so lange, bis ihr einfiel, daß auf einem anderen Sender gerade eine Serie begann. Aber nichts schien die Langeweile aus ihrem Leben vertreiben zu können. Ganz egal, wie sehr sie sich bemühte, es schienen immer noch endlose Stunden übrigzubleiben, die sie niemals ausfüllen konnte, gerade an den Nachmittagen.

Vielleicht wäre es wirklich keine schlechte Idee, ein bißchen Bildung nachzuholen, nicht gerade einen Schulabschluß natürlich, aber ein bißchen Stilkunde zum Beispiel, oder Architekturgeschichte oder vielleicht Französisch, konnten auf keinen Fall schaden.

Sie hob ihr Glas und prostete ihm zu, und erwartungsgemäß nahm er noch einen Schluck. Sie beobachtete ihn genau. Bis jetzt schien er nichts bemerkt zu haben.

Es war gut, daß sie den frischgepreßten Orangensaft nicht mehr durchgesiebt hatte. So würden die dicken Fruchtfasern von allfälligen Fremdkörpern im Getränk ablenken. Es war nicht einfach gewesen, die Glasscherben so zu zerkleinern, daß man sie nicht mehr herausspüren würde. Sie hatte größere Glasstücke in ein Küchentuch gewickelt und dann so lange mit dem Hammer bearbeitet, bis sie vollkommen pulverisiert waren. Als sie das Tuch ausgeschüttelt hatte, hatte sich ein winziger, kaum sichtbarer Glassplitter tief in ihren Daumen gebohrt. Es funktioniert tatsächlich, hatte sie gedacht, während sie einen dunkelroten Blutstropfen ableckte. Dann hatte sie die Eiswürfel auf dieselbe Art zerkleinert und sorgfältig mit dem Glas gemischt.

... Ich bin jederzeit bereit, dir zu helfen, wenn du irgendwelche Schwierigkeiten hast, sagte er jetzt.

Oh, danke, das wäre ganz wundervoll. Schließlich ist es doch einige Zeit her, daß ich das letztemal eine Schule besucht habe . . . Sie lächelte kokett, und er schüttelte den Kopf und schnalzte mit der Zunge, als sähe sie keinen Tag älter aus als sechzehn, und als könnte er nicht glauben, daß sie vor mehr als drei Monaten die Schule verlassen habe. Sie belohnte ihn für seine prompte und galante Reaktion, indem sie das Gummiband aus ihren Haaren zog und mit den Fingern durch ihre blondierten Locken fuhr. Sie beugte sich vor und küßte ihn, und er küßte sie zurück, dann richtete sie sich wieder auf und sagte leise: Es muß alles anders werden, das verstehst du doch.

Natürlich, sagte er ein bißchen zu rasch. Dann blickte er auf seine Uhr. Mein Gott, ich muß an meine Arbeit. Ich habe die Zeit vollkommen vergessen. Er trank sein Glas mit wenigen großen Schlucken leer. So geht es mir immer mit dir, sagte er, während er aufstand und seine grobgerippte Manchesterhose glattstrich, du bist der einzige Mensch, der es schafft, mich von meiner Arbeit abzulenken.

Ich bin sicher, die Pause hat dir gutgetan, meinte sie, nahm seinen Ellbogen und schob ihn sanft aus dem Zimmer und in den Flur. Bestimmt gehst du jetzt wieder frischer an die Arbeit.

Ganz bestimmt, sagte er, vielen Dank noch einmal.

Sie küßten sich wieder, diesmal kurz und abschließend. Dann ging er. Sie sah ihm nach, wie er die Treppe hinaufstieg. Sein Gang war schlurfend, mit einer Hand stützte er sich auf das Geländer. Auf dem ersten Absatz blieb er stehen, drehte sich noch einmal um und hob die Hand.

Wenn alles stimmte, was sie gestern abend im Fernsehen gezeigt hatten, würde er in ein paar Stunden schwere Magenblutungen bekommen. Die Wahrscheinlichkeit, daß er überlebte, war gering. Einen Augenblick lang tat es ihr leid.

Wiedersehen, flüsterte sie und schloß die Türe.

Im Wohnzimmer schaltete sie als erstes den Fernseher wieder ein, ohne hinzusehen, dann machte sie sich noch einen Drink. Das Eis in dem silbernen Schüsselchen war unterdessen geschmolzen, und deutlich sah man das bösartige Glitzern der Glassplitter, die darin schwammen. Sie kippte das Schüsselchen in einen Blumentopf aus. Dann setzte sie sich auf das Sofa und nahm einen tiefen Schluck. Es schien ihr fast, als sei das Leder noch warm, wo er gesessen hatte, aber das war wohl reine Sentimentalität. Natürlich tat es ihr leid um ihn, schließlich hatte er ihr nichts getan, im Gegenteil, er hatte ihr viele endlose Nachmittage verkürzt. Die Serie ging gerade zu Ende. Sie nahm die Fernbedienung in die Hand und schaltete entschlossen auf einen anderen Sender. Es hatte keinen Sinn, sich unnötige Gedanken zu machen. Schließlich hatte sie die Sache einmal ausprobieren müssen, bevor ihr Mann nach Hause kam . . .

Alles gelogen

Natürlich bin ich an allem selber schuld, ich kann einfach nicht die Wahrheit sagen, schon gar nicht, wenn sie so öde ist wie meistens eben. Lügen macht mehr Spaß und schadet im Normalfall keinem.

Der Ärger begann an dem Tag, an dem ich den neuen Job als Telefonistin antrat. Ich sah mich in dem Raum um, die Frauen saßen in langen Reihen nebeneinander, mit Stöpseln in den Ohren und diesem stupiden Gesichtsausdruck, den man automatisch bekommt, wenn man mit jemandem redet, den man nicht sehen kann. Ich wußte sofort, daß ich es hier nicht lange aushalten würde.

Man wies mir einen Platz in der zweiten Reihe zu, und ich setzte mich. Meine Nachbarinnen beobachteten mich aus den Augenwinkeln. Als erstes steckte ich eine Autogrammkarte von Guy Laporte an meinen Computer. A toi pour toujours, stand darauf, vorgedruckt, aber ich hatte die Schrift mit Filzschreiber nachgezogen, es wirkte sehr echt. Natürlich war es nicht erlaubt, persönliche Dinge am Arbeitsplatz anzubringen. Als mich die Aufsicht darauf hinwies, steckte ich das Bild mit einem Ausdruck absoluter Verachtung in meinen Ausschnitt, und von da an war es nur ein kleiner Schritt, zu behaupten, ich sei Guy Laportes heimliche Geliebte.

In der Pause drängten sich die anderen Mädchen richtiggehend um mich, lauschten mit aufgerissenen Augen meinen Worten, und bald fand sich eine, die anbot, mein

Mittagessen in der Kantine zu bezahlen. Es fiel mir nicht schwer, die Geschichte auszubauen. Ich wußte, daß der berühmte französische Sänger und Schauspieler aus Steuergründen in der Schweiz lebte, ganz in der Nähe, es war also durchaus denkbar, daß ich ihn auf der Straße niedergerannt und mit meiner Jugend und Schönheit so beeindruckt hatte, daß er sich anerbot, mich mit seiner Limousine nach Hause zu bringen . . . Durchaus denkbar. Was konnte ich dafür, daß es nie wirklich geschehen war? Natürlich geht Guy Laporte schon gegen sechzig, das weiß ich selber, aber erstens hatte ich schon immer eine Schwäche für reifere Herren, und zweitens sieht er höchstens aus wie vierzig. Reiche Leute scheinen besser zu altern, das ist ja auch nur gerecht. Wozu sollte das ganze Geld sonst gut sein? Mein Vater zum Beispiel ist drei Jahre jünger als Guy Laporte, könnte aber ohne weiteres als sein Schwiegervater durchgehen.

Ich habe eine Menge Zeitungsausschnitte über Guy Laporte gesammelt und gelesen natürlich, und so fielen mir die Anekdoten wie von selbst ein. Vorsichtig sein mußte ich natürlich bei der Erwähnung seiner Frau, Yvonne Berger. Jeder kannte die große, die wunderbare Schauspielerin, mit der er seit zwanzig Jahren verheiratet war, und die aber irgendwie weniger Glück mit dem Alterungsprozeß gehabt hatte als er, jedenfalls bekam sie keine Rollen mehr, und man sagte sogar, sie hätte angefangen zu trinken.

Aber er wird sie nie verlassen, sagte meine neue Arbeitskollegin und biß in einen Dänisch-Plunder, den sie in der Kantine in Plastikfolie gewickelt verkaufen, das gibt dem Gebäck eine ganz eigene, schwammige, kühle, feuchte Konsistenz, an die man sich nur langsam, dafür nachhaltig gewöhnt. Ich selber hatte einen Mandelgipfel, den ich nun betont langsam auswickelte. Es wunderte mich selbst am meisten, als plötzlich echte Tränen auf die zukkerverklebte Folie tropften.

An unserem Tisch in der Kantine war es einen Augenblick lang ganz still. Ich hatte sie restlos überzeugt. Mich selber auch.

Das ging so weit, daß es mir einen unangenehmen Stich gab, wenn ich irgendwo etwas über Yvonne Berger und ihre glückliche Ehe mit dem berühmten Guy Laporte las. Daß ich mir neue Schuhe kaufte mit einer Goldspange über dem Rist, weil ich irgendwo gelesen hatte, daß reiche Mädchen so etwas trugen. Ich änderte meine Frisur, band die Haare ordentlich zusammen, ich hatte so ein Gefühl, als würde das besser zu der Geliebten eines älteren Herrn passen als meine ungepflegten Locken. Ach ja, und ich verließ meinen Freund Bruno. Warf ihn hochkant aus der Wohnung, obwohl es genau genommen seine war. Jeden Tag hatte ich ihn weniger ertragen, seine Art zu reden, zu essen, zu atmen. Er konnte natürlich nichts dafür, aber er war eben nicht Guy Laporte, und die Abende vor dem Fernseher und die wöchentlichen Minigolfturniere mit seinen Freunden waren nun mal nicht das Leben, für das ich geschaffen war. Ich glaubte unterdessen selbst, daß ich schon längst mit Guy Laporte zusammenleben würde, wenn nur seine Frau nicht wäre. Vorher mußte ich natürlich Bruno verlassen, das war nur logisch. Pikanterweise hatte ich ihm weisgemacht, ich arbeite in einer Filmproduktionsgesellschaft. Mit meinem Schichtdienst und der Tatsache, daß man mich bei der Arbeit nicht erreichen konnte, war das leicht zu vereinbaren. Ansonsten genügte es, niemals zusammen mit anderen ins Kino zu gehen und ein blasiertes Gesicht zu machen, wenn das Gespräch auf diesen oder jenen Filmstar kam.

Du hast einen anderen! schrie er. Gib es ruhig zu! Einen von diesen Filmfritzen, einen, der viel verdient und interessante Leute kennt und ein teures Auto fährt und dich nach Cannes einladen kann!

Ich senkte die Augen. Ungefähr so stellte ich mir das auch vor.

So ein einfacher Bankangestellter genügt dir natürlich nicht!! fuhr er fort.

Ich wünschte, ich wäre dir nie begegnet!

Auch darin mußte ich ihm stumm recht geben.

Du glaubst wohl, du seist zu gut für mich, was?

Das dachte ich tatsächlich. Er mußte mir das ansehen, denn seine Augen wurden ganz schmal, und er sagte häßliche Dinge über meine Familie, den Schrebergarten und die Ausdrucksweise meiner Mutter, spuckte regelrecht vor Wut.

Warum hatte ich ihn auch unbedingt mit nach Hause nehmen müssen? Wir wohnten schon seit mehr als zwei Jahren zusammen, vielleicht wollte ich meiner Mutter beweisen, daß ich wirklich einen festen Freund hatte, einen soliden, und das hatte sie ja auch sehr beruhigt. Meine Mutter hatte tatsächlich eine etwas schnoddrige Ausdrucksweise, das war wahr, andererseits schickte sie jeden Monat selbstgemachte Marmelade für Bruno, und er hatte kein Recht, so über sie zu reden. Ich war so wütend, daß ich ihm unüberlegt vorhielt, Guy Laporte finde meine Mutter ganz reizend.

Darauf fiel ihm nicht sofort eine Antwort ein.

Guy Laporte!! Aber Guy Laporte ist verheiratet!

Das weiß ich selber! Die bloße Erwähnung seiner Ehe

regte mich unterdessen schon so auf, daß ich etwas zerbrechen mußte, einen Teller und einen vollen Aschenbecher in diesem Fall.

Lieber eine Stunde mit Guy Laporte als ein Leben mit dir, schrie ich, und das war wirklich gemein, obwohl ich es nicht einmal extra erfunden hatte, der Satz stammte aus einem Film, aber das machte es nicht besser. Bruno packte seine Koffer und zog aus, wie es scheint zu einer Arbeitskollegin, dieser Blonden mit dem samtüberzogenen Haarreif, die so gut Minigolf spielt.

Dann las ich in der Zeitung, daß Yvonne Berger im Krankenhaus lag. Das Bild zeigte Guy, wie er gebückt vor Sorge aus dem Auto stieg. Sie schrieben nicht genau, was ihr fehlte, aber es deutete alles auf Alkoholismus hin. Ich konnte sie verstehen. Yvonne Berger war eine der schönsten Frauen ihrer Zeit gewesen, allein ihr Mund war so schön, daß man sich gar nicht vorstellen konnte, daß sie damit aß oder Zahnpasta ausspuckte oder andere irdische Dinge tat. Und dann war sie beinahe über Nacht alt geworden, grau und dick, ihre Knöchel schwollen an, sie mußte eine Brille tragen und Hängekleider. Guy Laporte hingegen war schlank und braungebrannt und silberhaarig, was nicht dasselbe ist wie grau, und ich hatte erst kürzlich ein Bild von ihm gesehen, wie er scheinbar mühelos ein gestrecktes Bein seitlich hochhob bis über die Schulter und sich dabei nur mit einer Hand an einer Ballettstange festhielt.

Jetzt verläßt er sie doch erst recht nicht, sagten meine Kolleginnen. Ich zählte langsam bis zehn, denn das war mir natürlich auch sofort klargeworden, aber ich ließ mir nichts anmerken und antwortete mit gepreßter Stimme:

Meint ihr im Ernst, ich würde mit einem Mann zusammenleben wollen, der seine kranke Frau im Stich gelassen hat? Ganz so, als ob die Entscheidung bei mir läge ...

Dann wurde Yvonne Berger wieder entlassen, und wenige Tage später sahen wir Guy Laporte ganz zufällig. Ich hatte mich mit ein paar Frauen aus der Zentrale getroffen, um im Sonderverkauf nach verbilligten Weihnachtsgeschenken zu suchen. Wir waren gerade aus einem Haushaltswarengeschäft gekommen, standen auf der Straße und konnten uns nicht einigen, wo wir als nächstes hingehen sollten, da sahen wir ihn. Er ging mit schnellen, federnden Schritten über die Straße auf ein Hotel zu. Er trug eine Sonnenbrille und achtete nicht auf den Verkehr. Zwei dickliche junge Männer eilten außer Atem hinter ihm her wie eifrige junge Hunde. Meine Kolleginnen, diese unreifen Personen, kreischten auf, schlugen sich die Hände vor den Mund und hüpften aufgeregt auf und ab. Ich befürchtete beinahe, sie würden sich naß machen. Ich warf ihnen einen traurigen Blick zu, der, wie ich hoffte, alles über die Entbehrungen einer heimlichen Geliebten sagte ...

Tat er nicht.

Warum gehst du nicht hin? flüsterten sie so aufgeregt, daß es bis auf die andere Straßenseite zu hören sein mußte, er freut sich doch sicher, dich zu sehen, oder etwa nicht?

Er hat eine geschäftliche Besprechung, seht ihr das nicht? zischte ich, doch sie packten meine Ellbogen links und rechts mit ihren feuchten Händen und zerrten mich über die Straße.

Also schön, also schön, ich schüttelte sie ab, seufzte, nannte sie hoffnungslos und kindisch, aber gut, ich würde ihnen den Gefallen tun. Ich schob mich durch den schweren Ledervorhang in die Hotelbar. War ich erst einmal im

Halbdunkel der Bar in Sicherheit, würde mir schon etwas einfallen. Doch die blöden Weiber drängelten hinter mir her, ich mußte weitermachen.

Er saß mit seinen beiden unterwürfigen Gesellen an einem Tisch ganz hinten in einer Ecke, sie hatten eine halbvolle Whiskyflasche vor sich stehen, sie redeten laut, die anderen beiden, meine ich, er sagte nichts. Er hob den Kopf und sah mich an, wie wenn wir es geprobt hätten, er sah auf und lächelte erwartungsvoll, und ich ging ganz selbstverständlich auf ihn zu. Manchmal vergesse ich, wie einfach das Leben sein kann, wenn man hübsch, blond und einundzwanzig Jahre alt ist.

Ich rutschte auf die Armlehne seines Sessels, stützte einen Arm hinter ihm auf. Ich konnte förmlich hören wie meine Kolleginnen, die unschlüssig in der Türe stehengeblieben waren, den Atem anhielten. Ich beugte mich über ihn und flüsterte: Bitte können Sie nicht so tun, als ob Sie mich küßten, nur für einen Moment!

Er küßte mich gleich richtig, sein Atem roch nach Pfefferminze, und als ich das nächste Mal aufblickte, waren die anderen verschwunden. Auch gut. Ich nahm das nächststehende Whiskyglas in die Hand, natürlich schuldete ich Guy eine Erklärung. Ich erzählte ihm alles, und er war überhaupt nicht verärgert, eher geschmeichelt. Er wollte mich sogar zum Essen einladen, aber ich lehnte ab. Man soll die Realität nicht strapazieren, das bekommt ihr nicht.

Am nächsten Tag fehlte ich unentschuldigt bei der Arbeit. Mein Ruf war nicht mehr zu erschüttern.

Ein paar Wochen vergingen, dann starb Yvonne Berger. Nicht ganz überraschend. Die Beerdigung wurde im Fernsehen übertragen, und ich nahm wieder einen Tag frei. Guy Laporte hielt eine langstielige Rose in der Hand, und man konnte die Tränen sehen, die unter dem Rand seiner Sonnenbrille hervorquollen.

Allerdings interessierte mich das alles schon nicht mehr so sehr. Ich hatte einen jungen Mann kennengelernt, einen Fotografen. Er hatte ein schweres Motorrad, wir fuhren ziellos in der Gegend herum, und sehr oft fotografierte er mich auch. Er fand, ich hätte interessante Knochen, das schmeichelte mir natürlich. Am Tag, an dem Yvonne Berger beerdigt wurde, blieb er zum ersten Mal bei mir, und dann wollte er gleich einziehen. Ich sagte, ich würde es mir überlegen, aber ich wußte schon, daß ich ja sagen würde. Es war wirklich Zeit für eine andere Geschichte. Ich begann, den Stellenanzeiger aufmerksamer zu lesen. Dann hieß es plötzlich, Yvonne Berger sei umgebeacht worden, und Guy Laporte wurde verhaftet. Ich konnte der Versuchung nicht widerstehen, schwarz gekleidet und ungeschminkt in der Telefonzentrale zu erscheinen und die tragische Witwe zu spielen. Die Mädchen waren hingerissen. Aber Guy Laporte hatte ein Alibi, sie mußten ihn praktisch sofort wieder freilassen, und ich weiß nicht, was er ihnen erzählt hat, jedenfalls verhafteten sie statt dessen mich.

Ja, mich.

Guy Laporte hatte also seit einigen Monaten eine junge, hübsche Geliebte gehabt. So stand es in der Zeitung, und wer konnte es ihm verdenken, obwohl er sich natürlich öffentlich die schlimmsten Vorwürfe machte. Auf einem Bild hielt er sich sogar die Hände vor die Augen. Dieses Mädchen hatte sich offenbar nicht mehr länger mit seiner Schattenexistenz abfinden wollen. Ihr Exfreund Bruno G. zum Beispiel sagte aus, daß sie bei der bloßen Erwähnung von Yvonne Berger völlig außer sich geriet und mit Geschirr um sich warf. Ihre Arbeitskolleginnen bestätigten Stimmungsschwankungen und einen «flackernden Blick».

Sie hat gedroht, meine Frau anzurufen und ihr alles zu sagen, gab Guy Laporte zu Protokoll, aber ich muß gestehen, ich habe das nicht ganz ernst genommen, wie konnte ich denn ahnen, daß sie so etwas Schreckliches tun würde?

Man ging davon aus, daß die junge Geliebte Laportes Abwesenheit benutzt hatte, um seine Frau anzurufen und in das Studio zu bestellen, das sie für ihre heimlichen Treffen benutzten.

Tatsächlich hatte der Schlüssel an dem herzförmigen Anhänger, den ich ab und zu verstohlen meinen Kolleginnen gezeigt hatte, und den ich in der Handtasche aufbewahrte, zu diesem möblierten Studio gepaßt, in dem Yvonne Berger gestorben war. Ist das nicht erstaunlich? Ich hätte schwören können, es sei einer von meinen eigenen Kellerschlüsseln! In dem Studio muß es dann zu Tätlichkeiten gekommen sein. Was ich denn schlußendlich getan haben soll, wurde mir nie ganz klar. Die Anklage lautete jedenfalls auf Totschlag. Die Zeitung brachte ein entsetzlich scharfes Bild von mir, und mir wurde bewußt, wie sehr es gegen einen Menschen sprechen kann, hübsch, blond und einundzwanzig Jahre alt zu sein.

Vielleicht hätte ich trotz allem eine Chance gehabt, wenn ich selber ausgesagt hätte, ich hätte ja alles erklären können. Aber ich brachte einfach die Worte «die Wahrheit, die ganze Wahrheit und nichts als die Wahrheit» nicht über meine Lippen, so etwas konnte ich doch nicht mit gutem Gewissen schwören. Als einzige Zeugen der Verteidigung traten meine Eltern auf, mein Vater sagte gar nichts, und meine Mutter, nun, sie meinte es gut, aber sie drückt sich nun einmal nicht sehr gepflegt aus.

Guy Laporte war bei der Verhandlung dabei, aber er verließ den Gerichtssaal vor der Urteilsverkündung. Er schwankte und mußte sich auf seinen Begleiter stützen, einen auffallend gutaussehenden jungen Fotografen mit Motorradstiefeln, der mir irgendwie bekannt vorkam . . .

Romane

Marie Cardinal
Die Irlandreise *Roman einer Ehe*
(neue frau 4806)
Ein Paar macht Urlaub in Irland. Ein grausiger Fund am Strand führt beide auf die Spur zu sich selbst. Plötzlich lautet die Frage: Wer sind wir?
Schattenmund *Roman einer Analyse*
(neue frau 4333)
Der Schlüssel liegt unter der Matte *Roman*
(neue frau 4557)

Margaret Drabble
Die Begierde nach Wissen *Roman*
(neue frau 12763)
Die Soziologin Alix ist unterwegs zu ihrem Mörder. Liz, ihre Freundin, wird plötzlich mit Liebesaffären ihrer spießigen Schwester konfrontiert, und die Kunsthistorikerin Esther trifft auf einen nicht allzu heterosexuellen Staatssekretär. Margaret Drabble führt uns die achtziger Jahre an drei skurrilen Londoner Frauenschicksalen vor.
Die Tore aus Elfenbein *Roman*
(neue frau 13221)

Monique LaRue
Tanz der Doubletten *Roman*
(neue frau 13076)
Ein turbulenter Roman über die grotesken Folgen technischer Triumphe.

Victoria Thérame
Paris erobern *Roman*
(neue frau 12892)
Eine freche, sensible Erzählung aus dem erst neulich vergangenen Zeitalter der Sinnlichkeit.

rororo neue frau

Marina Warner
Der verlorene Vater *Roman*
(neue frau 12762)
Eine von liebevoller Aufmerksamkeit und vitaler Erkenntnislust durchströmte Familiensaga aus dem ärmsten italienischen Süden.

Andrea Wolfmayr
Spielräume *Roman*
(neue frau 5335)

Sandra Young
Ein Rattenloch ist kein Vogelnest *Eine Jugend in den Slums von Baltimore*
(neue frau 5188)

rororo neue frau wird herausgegeben von Angela Praesent und Gisela Krahl. Ein Gesamtverzeichnis der Reihe neue frau finden Sie in der *Rowohlt Revue*. Jedes Vierteljahr neu. Kostenlos. In Ihrer Buchhandlung.

Romane

Lisa Alther
Schlechter als morgen, besser als gestern *Roman*
(neue frau 5942)
Caroline, Krankenschwester auf einer Unfallstation, täglich mit dem Schrecken konfrontiert, hat alles hinter sich und braucht selbst Hilfe. In der Psychotherapeutin Hannah findet sie eine Frau, die ihr den Blick öffnet für die Farben der wirklichen Welt.

Robyn Davidson
Vorfahren *Roman*
(neue frau 12878)
Lucy ist eine Waise, wächst im australischen Busch auf und verfügt über glänzende Kontakte zur Geisterwelt ihrer Vorfahren, den Aborigines...
Spuren *Eine Reise durch Australien*
(neue frau 5001)

Milena Moser
Die Putzfraueninsel
Roman
(neue frau 13209)
Gebrochene Herzen oder Mein erster bis elfter Mord
(neue frau 12974)
Das Schlampenbuch
Erzählungen
(neue frau 13358)
Sie zahlen es niederträchtigen Liebhabern und verlogenen Showmastern heim; sie treiben es in Boutiquen, Fitness–Studios und Straßenbahnen – finstere Dinge, die einer properen Dame nicht im Traum einfielen – oder nur im Traum?

Ann Oakley
Matildas Fehler *Roman*
(neue frau 13160)

3302/4a

rororo neue frau

Märta Tikkanen
Aifos heißt Sofia *Leben mit einem besonderen Kind*
(neue frau 5166)
Die Liebesgeschichte des Jahrhunderts *Roman in Gedichten*
(neue frau 4701)
Ein Traum von Männern, nein, von Wölfen *Roman*
(neue frau 5946)
Märta Tikkanen erzählt von einem Mädchen, dem die Mutter all das weitergegeben hat, was sie selbst fürchtete, und das als erwachsene Frau auf den Wolf im dunklen Wald trifft.
Der große Fänger *Roman*
(neue frau 12806)
Wie vergewaltige ich einen Mann?
(neue frau 4581)

rororo neue frau wird herausgegeben von Angela Praesent und Gisela Krahl. Ein Gesamtverzeichnis der Reihe finden Sie in der *Rowohlt Revue*. Jedes Vierteljahr neu. Kostenlos. In Ihrer Buchhandlung.